Erfolgreich mit Selbstbewusstsein

Annette Auch-Schwelk

Erfolgreich mit Selbstbewusstsein

Das „Ich bin Ich"-Prinzip

Annette Auch-Schwelk

2. Auflage

Haufe Gruppe
Freiburg · München

Bibliografische Information der Deutschen Nationalbibliothek
Die Deutsche Nationalbibliothek verzeichnet diese Publikation in der Deutschen Nationalbibliografie; detaillierte bibliografische Daten sind im Internet über http://dnb.dnb.de abrufbar.

Print ISBN: 978-3-648-05071-2 Bestell-Nr. 00218-0002
EPUB ISBN: 978-3-648-05072-9 Bestell-Nr. 00218-0101
EPDF ISBN: 978-3-648-05070-5 Bestell-Nr. 00218-0151

Annette Auch-Schwelk
Erfolgreich mit Selbstbewusstsein
2. Auflage 2014

www.haufe.de
info@haufe.de
Produktmanagement: Bettina Noé

Lektorat: Gabriele Vogt
Satz: Kühn & Weyh GmbH, Satz und Medien, 79110 Freiburg
Umschlag: RED GmbH, 82152 Krailling
Druck: fgb · freiburger graphische betriebe, 79108 Freiburg

Inhaltsverzeichnis

Dieses Buch ist für Mamuschka & Papse auf „Wolke 9“

und

für Sie! Die Sie es in Ihren Händen halten.

Denken Sie an die Welt, die Sie in sich tragen,
seien Sie aufmerksam gegen das,
was in Ihnen aufsteht.
Ihr innerstes Geschehen ist Ihrer ganzen Liebe wert.

Rainer Maria Rilke

Vorwort von E. K. Geffroy

Wie selbstbewusst sind Sie? Annette Auch-Schwelk packt nach meiner Überzeugung ein ganz zentrales Thema an: erfolgreich mit Selbstbewusstsein oder, was mir noch besser gefällt, „Ich bin ich". Die meisten unterschätzen den wahren Wert dieser Aussage.

Ich darf Ihnen eine Geschichte erzählen, die ich selbst vor einiger Zeit erlebt habe. Ich halte oft Vorträge an den verschiedensten Orten und werde deshalb häufig von den Firmenmitarbeitern vom Flughafen abgeholt. In diesem Fall fuhr mich eine junge Frau vom Frankfurter Flughafen Richtung Schweinfurt, geschätzte Fahrzeit rund zwei Stunden. Als ich im Auto saß, merkte ich, dass sie sehr traurig wirkte. Was machen Sie in einer solchen Situation? Mund halten und über irgendetwas plaudern? So bin ich nicht. Also fragte ich direkt: „Entschuldigen Sie, aber Sie wirken irgendwie traurig?" Als wäre ein Knoten geplatzt, rollten ihr Tränen über das Gesicht und sie sagte: „Sie haben Recht. Mein Sohn ist letzte Woche tödlich verunglückt." Glauben Sie mir, in diesem Moment hätte ich mir gewünscht, dass ich doch den Mund gehalten hätte. Aber jetzt konnte ich nicht mehr zurück, vor uns lagen noch mindestens 60 Minuten Fahrzeit. Was sollte ich machen?

Ich stellte ihr eine der bedeutsamsten Fragen, die man stellen kann: „Wer ist der wichtigste Mensch in Ihrem Leben?" Prompt kam die Antwort: „War. Mein Sohn." Ich hatte damit gerechnet und nahm die Antwort als Grundlage für das Gespräch. Denn auf die Frage: „Wer ist der wichtigste Mensch in Ihrem Leben?" gibt es eigentlich nur eine Antwort: „Das bin ich." Mir war klar, dass die junge Frau genau so nicht dachte. Aber ich wusste, sie hat nur dann eine Chance, wenn sie es zulässt, dass sie eine Zukunft hat und zuerst sich selbst akzeptiert. Wir hatten ein sehr intensives Gespräch. Ich bin sicher kein Profi Coach auf diesem Gebiet, das kann Annette viel besser, aber ich hatte keine andere Wahl, wenn ich ihr helfen wollte. Sie musste ihre Glaubensmuster verändern, das „Ich bin Ich"-Prinzip musste auch hier gelten. Gemeinsam haben wir überlegt, was wäre, wenn die Zukunft von ihr aktiv in die Hand genommen wird.

Ein Jahr später hielt ich für die gleiche Firma erneut einen Vortrag und die junge Frau holte mich wieder ab. Sie war ein ganz anderer Mensch geworden.

Sie strahlte, sah sehr attraktiv aus und lachte fast während der gesamten Fahrt. Sie war in der Firma die beste Verkäuferin geworden, in eine andere Stadt gezogen, hatte geheiratet und war wieder schwanger.

Warum passt diese Geschichte zu diesem neuen Buch von Annette Auch-Schwelk? Jeder hat ein Grundrecht auf Erfolg. Oft lässt man es gar nicht zu, obwohl man die Ressourcen hat. Wir verschenken unsere Chancen selbst, weil die Menschen um uns herum es nicht zulassen oder wir es selber ignorieren.

Viele Menschen spüren in späten Jahren, dass sie im Leben zu kurz gekommen sind. Dann ist es meistens zu spät. Das hat nichts mit Egoismus zu tun. Ganz im Gegenteil. Sie können mehr geben, wenn Sie sich für sich selbst Zeit nehmen. Das Buch von Annette ist voller Ideen im Umgang mit uns selbst. Nutzen Sie die Chancen, die sich bieten. Entschleunigen Sie. Es beschleunigen schon genügend andere für Sie.

Erfolgreich mit Selbstbewusstsein durch das „Ich bin Ich"-Prinzip wird Sie in eine neue Welt führen. Dabei wünsche ich Ihnen viel Erfolg und Annette Auch-Schwelk viele Leser, die ihre Prinzipien auch umsetzen.

Beste Grüße

Edgar K. Geffroy

www.geffroy.com

Vorwort zur 2. Auflage

Ich liebe Bücher! Seit ich lesen kann, bin ich eine „Leseratte“. Dürfte ich auf eine einsame Insel nur drei Dinge mitnehmen, so wäre eines davon ein Buch. Auch heute noch lese ich fast jeden Tag. Bücher inspirieren mich. Ich kann dabei lachen, weinen, träumen und mich entspannen. Sie regen mich an. Sie helfen mir, mich weiterzuentwickeln. Schon lange hatte ich den Traum, ein eigenes Buch zu schreiben.

Vor drei Jahren habe ich mir diesen erfüllt. Hätte ich mich von dem Gedanken „Ach, es gibt doch schon Zigtausende von Büchern zum Thema Selbstbewusstsein“ abhalten lassen, dann wäre dieses Buch nie entstanden.

Ich hätte niemals all die Mails und Anrufe bekommen.

Wäre nicht den Menschen begegnet, die mir erzählt haben, wie sehr ihnen das Buch geholfen hat.

Auch nicht den Menschen, die kritisch waren und mir wertvolles, konstruktives Feedback gegeben haben, wovon ich einiges in der neu überarbeiteten Auflage gleich aufgenommen habe.

Auch nicht denen, die es belächelt und abgewertet haben.

Für all das bin ich dankbar und froh, dass ich meinen Traum erfüllt habe. Dass ich ein Buch geschrieben habe – mit dem Selbst Bewusstsein: Es gibt Zigtausend Bücher zum Thema Selbstbewusstsein, doch meines fehlt noch!

Was ist Ihr Traum? Wann erfüllen Sie sich diesen?

Ich wünsche Ihnen, dass dieses Buch dabei hilfreich ist, sich Ihrer Selbst noch bewusster zu werden. Sehen Sie es als „Weiterentwicklungs-Tagebuch“. Es ist kein Buch, um alles von Anfang bis Ende „streng durchzuarbeiten“. Atmen Sie entspannt durch. Machen Sie die Übungen, die Sie JETZT im Moment ansprechen. Die JETZT im Augenblick für Sie wichtig sind! Sie können das Buch auch zur Seite legen und Wochen später wieder in die Hand nehmen. Schauen Sie, was sich bis dahin verändert hat. Was Sie JETZT gerade anspricht.

In Köln heißt es „Jeder Jeck ist anders" – jeder Mensch ist anders! Die eine der mehr als 100 Übungen, Tipps und Anregungen ist für Sie hilfreich, die andere vielleicht nicht. Machen Sie das, was Sie für richtig und wichtig halten! Machen Sie Ihr eigenes Ding!

Ich werde immer wieder gefragt: Was sind „DIE 3 Tipps" für ein gutes Selbstbewusstsein? Als ob es drei Zutaten gibt, die gemixt werden, wir trinken die Mischung einmal und danach ist alles gut und Sie sind für immer und ewig selbstbewusst.

Nein, so ist es nicht!

Stellen Sie sich vor, Sie haben schon lange keinen Sport mehr gemacht. Jetzt machen Sie am Wochenende mit Ihren Freunden eine Fahrradtour. Für Ihren Körper ist es gut, dass Sie sich wieder bewegen – ein kurzfristiger Erfolg. Wenn Sie jedoch danach regelmäßig Fahrrad fahren, ist es für Ihren Körper besser, für Ihre Gesundheit ein langfristiger Erfolg und somit nachhaltiger.

Genauso ist es mit dem Selbstbewusstsein. Dieses ist wie ein Muskel, den Sie trainieren können! Sie können vor einer wichtigen Präsentation ein Coaching nehmen und Sie werden selbstbewusster Ihren Vortrag halten. Wenn Sie danach regelmäßig sich Ihrer Selbst bewusst werden, die Eigenschaften, die Sie bisher vielleicht nicht an sich mögen, annehmen und Ihre Stärken weiter ausbauen, werden Sie nachhaltig erfolgreicher sein.

Auch dieses Buch kann dabei ein wertvoller, langjähriger Begleiter für Sie sein. Lassen Sie sich und Ihr Selbstbewusstsein trainieren!

Viel Freude, Geduld und Achtsamkeit bei der Stärkung Ihres „Selbstbewusstseins-Muskels" wünscht Ihnen

Annette Auch-Schwelk

März 2014

Vorwort zur 1. Auflage

Man entdeckt keine neuen Erdteile, ohne den Mut,
alle Küsten aus den Augen zu verlieren.

André Gide

Ein Schüler will einen alten, weisen Meister prüfen. Er fängt einen Vogel und versteckt ihn hinter seinem Rücken. Er will wissen, ob der Meister herausfindet, was er versteckt hat. Die zweite Frage soll lauten: „Ist der Vogel tot oder lebendig?“
Wenn der Meister antwortet: „Er lebt“, bricht er dem Vogel kurzerhand das Genick und der Vogel ist tot. Wenn der Meister antwortet: „Er ist tot“, lässt er ihn fliegen. Beide Male wird der Meister nichts sehen können. Der Schüler ist sich gewiss, dass diese Aufgabe unlösbar ist. So geht er zum Meister.
Die erste Frage des Jungen: „Was habe ich hinter meinem Rücken?“, beantwortet der Meister mit: „Einen Vogel.“ Die zweite Frage: „Ist der Vogel tot oder lebendig?“, beantwortet der Meister mit:
„Es liegt in Deinen Händen!“

Guten Tag! Sie haben das Buch – klasse, dies ist ein Anfang. Was Sie daraus machen, liegt in **Ihren** Händen!

Stellen Sie sich vor, wir stehen gemeinsam vor einer Malerstaffelei. Darauf befindet sich ein großes, leeres Blatt Papier. Sie möchten ein Bild – Ihr Bild – malen. Ich werde Ihnen die Farben reichen. Welche Sie davon verwenden, was Sie genau malen, wie lange Sie dafür brauchen, ob Sie die Farben mischen, neue Farben entstehen lassen oder nicht, das entscheiden Sie selbst! Sicherlich haben Sie selbst im Laufe Ihres Lebens schon eine Menge Farben erworben. Vielleicht sind manche im Laufe der Zeit etwas blass geworden. Andere gefallen Ihnen nicht, weil Sie glauben, dass die Farben der Bilder anderer Menschen viel bedeutender und schöner sind als Ihre.

Was meine ich mit „Farben“? Sie stehen für Methoden, Übungen, Tipps und Anregungen, die ich Ihnen in diesem Buch vorstelle. Wann Sie was lesen, welche Übung Sie machen und was Sie wann „malen“, das liegt in Ihren Händen!

Um **Erfolgreich mit Selbstbewusstsein** zu sein, braucht es eine ganze Palette verschiedener Farben. Aus diesem Grund stelle ich Ihnen nicht nur eine Farbe vor. Es braucht mehrere. Es braucht die Farbpalette des **Ich-bin-Ich-Prinzips**, um Ihr eigenes Kunstwerk zu malen. Dieses setzt sich zusammen aus:

1. **Selbsterkenntnis**
2. **Selbstsicherheit**
3. **Selbstvertrauen**
4. **Selbstwert**
5. **Selbstmotivation**
6. **Selbstgelassenheit**
7. **Selbstverantwortung**
8. **Selbstbestimmung**
9. **Selbstliebe**

Weshalb ist es wichtig, sich seiner Selbst bewusst zu sein?

- Wenn Sie sich selbst kennen, wissen Sie, mit wem Sie es zu tun haben — das gibt Sicherheit und Vertrauen.
- Sie erkennen Ihren Wert — dies führt zu Respekt und Wertschätzung.
- Sie können sich selbst motivieren — das gibt Lebendigkeit.
- Sie sind gelassener und entspannter, übernehmen Verantwortung für sich und Ihr Leben. Sie bestimmen, was Sie machen — das ist Freiheit.
- Sie lieben sich so wie Sie sind — damit sind Sie den Anforderungen des Lebens gewachsen.
- Sie bekommen neue Ideen, Klarheit, Kraft, Inspiration, Energie, Motivation und Lebenslust, Ihr eigenes Leben zu gestalten. Mit Spaß und Freude malen Sie Ihr Kunstwerk. Sie werden sich über Ihre Gefühle, Gedanken, Ihr Handeln, Ziele und Wünsche klar.
- Sie werden sich Ihres Selbst bewusst!

Schenken Sie dem wichtigsten Menschen — Ihnen selbst — Aufmerksamkeit. Genießen Sie es. Lassen Sie sich darauf ein. Gehen Sie auf Expedition, auf eine Entdeckungsreise zu sich selbst! Nehmen Sie hierfür die Abenteuerlust eines Christoph Kolumbus mit. Seien Sie neugierig und offen für das, was kommt. Es gehört Mut dazu, ein neues Bild zu malen. Neue Erdteile in sich selbst und in der Außenwelt zu entdecken. Sich auf Unbekanntes einzulassen.

Seien Sie es sich wert und schenken Sie sich selbst die Zeit. Respektieren Sie alle Gefühle, die bei Ihnen hochkommen. Schenken Sie sich Geduld und gehen Sie liebevoll mit sich um. Gemischt mit einer Portion Humor und Gelassenheit bin ich mir sicher, dass es ein gutes Bild wird. Es ist IHR Bild!

Wenn Sie möchten, nehmen Sie jetzt Ihren Pinsel in Form eines Stiftes zur Hand. Damit können Sie die Übungen gleich durchführen – am besten schreiben Sie die Antworten direkt in Ihr Buch!

Viel Spaß und nur das Allerbeste beim Malen Ihres eigenen Kunstwerkes – beim **Erfolgreich mit Selbstbewusstsein** – dem **„Ich-bin-Ich"-Prinzip** wünscht Ihnen

Annette Auch-Schwelk

März 2011

Sind Sie erfolgreich?

Im Titel des Buches lesen Sie „Erfolgreich mit Selbstbewusstsein". Sind Sie erfolgreich? Wie beantworten Sie spontan die Frage? Ja oder Nein? Vielleicht oder irgendwann? Ich weiß nicht?

Für die einen heißt erfolgreich, mehr als 300.000 Euro im Jahr zu verdienen. Für die anderen heißt erfolgreich, ein eigenes Unternehmen mit mindestens 400 Mitarbeitern zu haben oder teure Autos zu besitzen, ein großes Haus und eine Jacht. Es gibt eine Werbung der Sparkasse. Dort treffen zwei ehemalige Klassenkameraden nach vielen Jahren aufeinander. Der eine fragt, wie es dem anderen geht. Dieser zeigt sofort Bilder: „Mein Haus, Mein Auto, Mein Boot." Der andere kontert und trumpft mit noch mehr Luxus auf.

Ist das erfolgreich für Sie?

Ralph Waldo Emerson hat seine eigene Definition von „Erfolgreich gelebt zu haben":

> *„Oft und viel lachen;*
> *die Achtung intelligenter Menschen und die Zuneigung von Kindern gewinnen;*
> *die Anerkennung aufrechter Kritiker verdienen und die Trennung von falschen Freunden ertragen;*
> *Schönheit bewundern;*
> *in Anderen das Beste finden;*
> *die Welt ein wenig besser verlassen, ob durch ein spielendes Kind, ein Stückchen Garten oder einen kleinen Beitrag zur Verbesserung der Gesellschaft;*
> *wissen, dass wenigstens das Leben eines anderen Menschen leichter war, weil Du gelebt hast.*
> *Das bedeutet, erfolgreich gelebt zu haben."*

Ralph Waldo Emerson

Ist das erfolgreich für Sie?

Ein weiser Mann hatte den Rand eines Dorfes erreicht. Er lässt sich unter einem Baum nieder, um dort die Nacht zu verbringen. Ein Dorfbewohner kommt angerannt und sagt: „Der Stein! Der Stein! Gib mir den kostbaren Stein!" „Welchen Stein?", fragt der weise Mann. „Letzte Nacht erschien mir Gott im Traum", sagt der Dörfler, „und sagte mir, ich würde bei Einbruch der Dunkelheit am Dorfrand einen weisen Mann finden, der mir einen kostbaren Stein geben würde, so dass ich für immer reich wäre." Der weise Mann durchwühlt seinen Sack und zieht einen Stein heraus. „Wahrscheinlich meinte er diesen hier", sagt er und gibt dem Dörfler den kostbaren Stein. „Ich fand ihn vor einigen Tagen auf einem Waldweg. Du kannst ihn natürlich haben." Staunend betrachtet der Mann den Stein. Es ist ein Diamant, wahrscheinlich der größte Diamant der Welt. Er ist so groß wie ein menschlicher Kopf. Der Dörfler nimmt den Diamanten und geht weg. Die ganze Nacht wälzt er sich im Bett und kann nicht schlafen. Am nächsten Tag weckt er den weisen Mann bei Anbruch der Morgendämmerung und sagt: „Gib mir den Reichtum, der es Dir ermöglicht, diesen Diamanten so leichten Herzens wegzugeben."
(Verfasser unbekannt)

Ist das erfolgreich für Sie?

Aus meiner Sicht ist es wichtig, dass Sie selbst festlegen, was „ErfolgREICH sein" für Sie persönlich bedeutet. Dabei gibt es kein Gut oder Schlecht. Kein Richtig oder kein Falsch. Seien Sie ehrlich mit sich und dem, was Sie möchten. Vielleicht entscheiden Sie sich für den Diamanten. Vielleicht aber auch dafür, ihn loszulassen. Treffen Sie Ihre eigene Entscheidung.

Übung „Was bedeutet ErfolgReich sein für mich?“:

Nehmen Sie sich ein paar Minuten Zeit. Suchen Sie einen Ort auf, an dem Sie Ruhe haben. Machen Sie es sich bequem. Beantworten Sie die Fragen:

a) Erfolgreich sein heißt für mich ...?

....

....

....

....

b) Wenn ich ... (bitte ergänzen) erreicht habe, dann bin ich erfolgreich!

....

....

....

....

c) Reich sein heißt für mich ...?

....

....

....

d) Wenn ich ... (bitte ergänzen) erreicht habe, dann bin ich reich!

....

....

....

....

Es kann sein, dass Sie die Frage gleich beantworten können. Es kann sein, dass nichts kommt. Ich empfehle Ihnen, gehen Sie mit diesen Fragen „schwanger“. Lassen Sie sich Zeit. Beantworten Sie diese und schauen Sie sich immer wieder an. Vielleicht möchten Sie etwas ergänzen oder streichen.

1 Selbsterkenntnis

Was vor uns liegt und was hinter uns liegt, ist nichts im Vergleich zu dem, was in uns liegt. Und wenn wir das, was in uns liegt, nach außen in die Welt tragen, geschehen Wunder.

Henry David Thoreau

„Wer bin ich ... — wenn ich das nur wüsste!" Die meisten Menschen verbringen viel Zeit damit, ihr Auto zu pflegen. Sie gehen tanken. Bringen es zur Wartung. Lassen es sofort reparieren, wenn etwas defekt ist. Gehen regelmäßig mit ihrem Auto zum TÜV.

Wann waren Sie das letzte Mal beim TÜV? Wie oft lassen Sie nach sich schauen? Lassen Sie sich gleich „reparieren", wenn etwas „defekt" ist? Oder sind die Kreuzschmerzen und der wochenlange Schnupfen normal? Wie oft füllen Sie Ihren eigenen Tank auf?

Gehören Sie zu den Menschen, die morgens in den Spiegel schauen und denken:

„Oh Nein. Nicht schon wieder Du!"
„Meine Güte, siehst Du fertig aus."
„Schon wieder ein paar Falten mehr ..."
Anstatt mit einem Lächeln zu fragen „Hey, Du schaust ja interessant aus. Wer bist Du? Lust auf ein Date?"

„Wer bin ich ... — wenn ich das nur wüsste!" Um das herauszufinden, machen Sie ein Date, eine Verabredung mit sich. Vereinbaren Sie Zeit mit sich selbst. Lernen Sie die Person kennen, mit der Sie täglich am meisten zu tun haben. Die Sie jeden morgen im Spiegel anschauen. Beginnen Sie jetzt!

Übung: „Bestandsaufnahme“

Wo sehen Sie sich heute auf einer Skala von 1 – 10?
1 = „Fremder, wer bist Du denn im Spiegel?“ Ich weiß nicht, wer ich bin. Was ich will. Was mir gefällt. Ich bin mir nicht meiner selbst bewusst.
10 = Ich kenne mich bestens. Ich weiß, wer ich bin. Was ich will. Was mir gefällt und was nicht. Ich bin mir meines Selbst bewusst.
Kreuzen Sie jetzt eine der Zahlen an, wo Sie sich momentan sehen:

1	2	3	4	5	6	7	8	9	10

Wenn Sie die Übungen im Buch fertig haben, prüfen Sie nochmals, bei welcher Zahl Sie sich dann sehen.

Bevor Sie weitermachen, können folgende Sätze für Sie hilfreich sein. Sagen Sie sich diese jetzt laut zu sich selbst: „Ich gebe mir jetzt die Erlaubnis, Selbstbewusst zu sein. Ich entscheide mich jetzt dafür, selbstbewusst mein Leben zu leben!“

1.1 Meine Schatzkiste

„Sei du selbst! Alle anderen sind bereits vergeben.“

Oscar Wilde

Stellen Sie sich vor, Sie haben eine Schatzkiste. Darin ist unendlich viel Platz. Sie ist wunderschön. Sie sieht genauso aus, wie Sie sich eine Schatzkiste vorstellen. Machen Sie diese auf! Sie sehen, dass sich darin all die Dinge befinden, die Ihnen gut tun. Alles, was Sie zum Lächeln bringt. Was Ihnen Freude macht. Was Sie begeistert. Was Sie motiviert. Was Ihnen Kraft gibt. Schauen Sie genauer hin. Was sehen Sie? Vielleicht sehen Sie Bilder von Menschen, die Sie lieben, die Sie unterstützen, bei denen Sie ein warmes Gefühl bekommen, wenn Sie sie anschauen. Vielleicht haben Sie einen Stein darin, den Sie vom letzten Urlaub am Meer mitgebracht haben. Es kann sein, dass sich dort Ihr Lieblingsbuch befindet. Ein Liebesbrief. Konzertkarten von Ihrer Lieblingsgruppe. Ein Dankesschreiben von Ihrem Chef. Ein Bild, auf dem Sie von Herzen lachen. Eine Karte von dem Land, das Sie lieben. Ihr Zeugnis, auf das Sie heute noch stolz sind. Ein Bild Ihres Kindes. Die Musik, bei der Sie das erste Mal geküsst wurden. Eine Miniatur Ihres Lieblings-Motorrades. Ihr Lieblingsspruch. Das Zugticket vom Wochenende, das Sie in einer bezaubernden Stadt verbracht haben. Eine Eintrittskarte vom letzten Fußballspiel. Ihr Lieblingsteddy aus der Kindheit. Ihr Lieblingskochrezept. Eine Brosche Ihrer Mutter. Eine Medaille vom letzten Radrennen. Eine Dose mit Sand von Ihrem Lieblingsstrand. Ein Tagebuch, in dem Sie all die für Sie wichtigen Dinge aufschreiben.

Vielleicht ist Ihre Schatzkiste momentan noch leer und möchte von Ihnen befüllt werden. Im Laufe des Buches werden Ihnen weitere Dinge an Ihnen selbst bewusst. Das Gute ist, Sie können die Schatzkiste jederzeit öffnen und mit Neuem füllen. Zum Beispiel mit Dingen die Ihnen helfen, wieder mit sich in Kontakt zu kommen, wenn Sie sich selbst aus dem Blick verloren haben.

Übung: „Schatzkiste"

Kaufen Sie sich eine „Schatzkiste". Eine Kiste, die für Sie Ihre eigene, ganz persönliche Schatzkiste ist. In diese legen Sie all die Dinge hinein, die Ihnen Freude bereiten. Wenn Sie unterwegs auf Reisen sind, können Sie einzelne Gegenstände aus der Schatzkiste mitnehmen. Sollten Sie gerade eine schwere Situation haben und Unterstützung brauchen, sehen Sie in Ihre Schatzkiste. Schauen Sie sich all die Dinge an, die Sie dort aufbewahren. Kaufen Sie sich ein schönes Notizbuch, Ihr eigenes, persönliches „Schatzbuch". In das schreiben Sie alles hinein, was Sie unterstützt, was positiv für Sie ist. Was Ihr Leben bereichert. All das, was Sie zum Lächeln bringt.

Wenn Sie in einer für Sie schweren Situation sind, lesen Sie, was Sie aufgeschrieben haben. Sie können sich auch Bilder von der Schatzkiste machen und auf Ihr Handy speichern. Somit haben Sie diese immer bei sich. Legen Sie einige Ihrer Schätze zusätzlich gut sichtbar in Ihrer Wohnung aus. Auf dem Schreibtisch, im Bad, in der Küche, im Schlafzimmer, kurzum in allen Räumen. Legen Sie Bilder, Gegenstände, Dinge aus, die Ihnen gut tun. Die positive Erinnerungen für Sie hervorbringen. Die Ihnen ein Lächeln auf die Lippen zaubern.

Beim Füllen Ihrer Schatzkiste sollen Ihnen die Fragen der nachfolgenden Übung helfen. Suchen Sie jeweils ein Symbol für die Antworten. Einen Gegenstand. Etwas, dass Sie damit verbinden und dass hilfreich für Sie ist! Ein Bild. Malen Sie etwas.
Gleichzeitig helfen Ihnen diese Fragen, sich Ihrer selbst bewusster zu werden. Schreiben Sie die Antworten in Ihr Schatzbuch. Oder Sie legen dieses Buch mit den Antworten in Ihre Schatzkiste hinein.

Erstaunt bin ich immer wieder, wie meine Seminarteilnehmer/-innen auf die Frage nach ihrem Besonderen reagieren, wie zum Beispiel mit: „Ach, ich habe nichts Besonderes“; „Na ja, ich habe am meisten Umsatz gemacht, doch das ist ja mein Job“; „Mit 17 wurde ich Deutscher Meister im Judo, aber das ist schon lange her“; „Ja also, ich habe meine Kinder groß gezogen, mehr nicht“. Machen Sie sich nicht klein, sondern erkennen Sie das Besondere an Ihrem Leben. Wertschätzen Sie sich und schreiben Sie es auf!

„Was habe ich gut gemacht, welche Ereignisse in meinem Leben habe ich erfolgreich gemeistert?“ Hierbei geht es nicht um das Vergleichen mit anderen: „Na ja, also den Friedensnobelpreis habe ich nicht bekommen und den Iron Man auf Hawaii ist mein Kollege gelaufen, doch ich noch nicht.“ Hier geht es darum, Ihre eigene, persönliche Leistung anzuerkennen. Was haben Sie aus Ihrer Sicht gut gemacht? Vielleicht haben Sie ein Projekt erfolgreich abgeschlossen. Einen guten Vortrag gehalten. Ihren Partner nach 2 Jahren überzeugt, dass Sie doch nach Mexiko in Urlaub fliegen. Denken Sie daran, es ist nicht eine „Vergleichs-Kleinmach-Schatzkiste“, sondern IHRE eigene, persönliche, wertvolle Schatzkiste.

Wann habe ich das letzte Mal von Herzen oder Tränen gelacht? In was für einer Situation war das? Wer war dabei? Welches Symbol in meiner Schatzkiste wird mich an diesen Augenblick erinnern?

....

....

....

Was macht mir Spaß? Was begeistert mich?

....

....

....

In welchen Situationen spüre ich meine Leidenschaft?

....

....

....

Ich interessiere mich für:

....

....

....

Was entspannt mich? Ruhe gibt mir:

....

....

....

Kraft gibt mir:

....

....

....

Was gibt mir Sicherheit?

....

....

....

Wann habe ich einen Augenblick sehr genossen?

....

....

....

Was habe ich als Kind geliebt?

....

....

....

Für was werde ich von anderen Menschen gelobt und bekomme Komplimente?

....

....

....

Was kann ich gut? Meine Stärken sind:

....

....

....

Das Besondere an mir ist:

....

....

....

Stolz bin ich auf:

....

....

....

Geprägt hat mich:

....

....

....

Was hat mich zu dem gemacht, was ich heute bin?

....

....

....

Welche Ereignisse in meinem Leben habe ich gut gemacht bzw. habe ich erfolgreich gemeistert?

....

....

....

Gibt es Menschen, die für mich Vorbilder sind?

....

....

....

Welche Menschen liebe ich? Bei welchen Menschen fühle ich mich wohl?

....

....

....

TIPP

Haben Sie gemeinsame Bilder von Ihnen und diesen Menschen? Wenn ja, legen Sie diese in die Schatzkiste. Wenn nicht, machen Sie welche!

1.2 Mein Kraftplatz

Phantasie ist wichtiger als Wissen,
denn Wissen ist begrenzt.

Albert Einstein

Um Selbsterkenntnis zu erlangen, ist es gut, einen Platz zu haben, an dem Sie Kraft tanken. Ruhe und Entspannung haben. Sich sicher und wohl fühlen. Finden Sie Ihren eigenen Kraftplatz!

Mit dieser Übung begeben Sie sich auf eine innere Entdeckungsreise, auf der Suche nach Ihrem eigenen Kraftplatz. Wenn Sie merken, dass Sie unruhig werden oder sich unwohl fühlen, dann nehmen Sie sich einen Augenblick Zeit. Gehen Sie zu Ihrem „Kraftplatz". Machen Sie diese Übung regelmäßig. Ruhen Sie sich aus. Entspannen Sie sich.

Übung „Mein Kraftplatz"

Suchen Sie sich einen ruhigen Ort, an dem Sie ungestört sind. Nehmen Sie sich Zeit. Setzen Sie sich hin. Machen Sie es sich gemütlich. Atmen Sie bewusst ein paar Mal tief ein und aus. Mit jedem Atemzug werden Sie entspannter und gelassener. Stellen Sie sich vor, es gibt einen Platz, an dem Sie sich so richtig wohl fühlen. Es kann ein realer Ort sein, den Sie kennen. Es kann ein Platz sein, den es in Ihrer Fantasie gibt. Hier können Sie „die Seele baumeln lassen". Sie dürfen dort so sein wie Sie sind. Alles ist gut dort. Es ist ein Platz, wo Sie sich rundherum wohl fühlen. Es ist friedvoll. Hier sind Sie entspannt. Ihr Körper ist entspannt. Es geht Ihnen gut. Sie können hier einfach so sein wie Sie sind. Hier schöpfen Sie neue Kraft.
Vielleicht ist Ihr Ort am Meer. Sie können das Meeresrauschen hören. Sie sehen die Möwen, die über Ihnen kreisen. Sie spüren den Sand an Ihren Zehen. Vielleicht ist es ein Platz im Wald. Sie hören die Rufe der Tiere. Sie fühlen das kalte Moos an Ihren Füßen. Sie riechen den Duft der Sträucher. Vielleicht ist Ihr persönlicher Ort bei Ihnen zu Hause. Sie haben es sich auf Ihrem Sofa bequem gemacht, hören Ihre Lieblingsmusik. Vielleicht ist Ihr „Kraftplatz" nicht in der Realität. Vielleicht erinnern Sie sich, dass Sie als Kind in Ihrer Fantasie mit den Wolken gereist sind. Alles ist möglich. Alles ist erlaubt. Alles ist gut. Dieser Platz ist ein spezieller Ort. Es ist Ihr Ort.

Hier gibt es kein Verurteilen. Kein Kleinmachen. Keine Kritik. Kein Bewerten. Kein Müssen. Kein Falsch oder Richtig. Hier ist alles genau genauso, wie es für Sie richtig ist!
Wenn Sie Lust haben, schließen Sie für einen Moment die Augen. Atmen Sie tief ein und aus. Geben Sie sich Zeit und schauen Sie, was kommt. Vielleicht sehen Sie einen Ort vor Ihrem inneren Auge. Vielleicht spüren Sie etwas. Vielleicht ist es ein Gedanke von einem Platz, der erst noch entsteht? Geben Sie sich Zeit. Vertrauen Sie darauf, dass genau das Richtige für Sie kommen wird!
Sie haben Ihren „Kraftplatz“ gefunden. Schauen Sie sich um. Wie schaut es aus? Welche Farben, welches Licht sehen Sie? Vielleicht gibt es Töne und Geräusche, die Sie wahrnehmen. Was schmecken Sie? Was riechen Sie? Was und wo in Ihrem Körper spüren Sie? Erkunden Sie jetzt Ihren Platz. Tauchen Sie ein mit allen Sinnen.
Ihr Platz ist ein Ort der Entspannung. Des Wohlfühlens. Der Aufmerksamkeit. Der Achtsamkeit. Der Hingabe. Der Klarheit. Der Gelassenheit. Des Friedens. Hier kann alles sein. Hier können Sie „Einfach Sein“! Genießen Sie das Gefühl der Ruhe. Das Gefühl der Entspannung. Das Gefühl der Kraft und Klarheit. Hier sind Sie sicher. Wenn Sie möchten, können Sie sich Wächter vorstellen, die Ihren Ort bewachen. Sie sind geborgen. Hier sind Sie frei. Sie fühlen sich lebendig. Genießen Sie eine Weile!
Haben Sie das Gefühl, es reicht für den Augenblick? Dann kommen Sie in Ihrer eigenen Zeit zurück ins Hier und Jetzt. Kommen Sie zurück mit der Gewissheit, dass Sie jederzeit an Ihren „Einfach-Sein-Platz“ zurückgehen können. Machen Sie langsam Ihre Augen auf. Strecken Sie Ihre Beine und Arme aus. Stehen Sie langsam auf. Bewegen Sie sich.

Ab sofort ist es Ihnen jederzeit und überall möglich, zurück an Ihren „Kraftplatz“ zu gehen! Es kann für einen Augenblick sein, es kann für ein paar Stunden sein – das entscheiden Sie! Wenn Sie Lust haben, können Sie sich eine Postkarte kaufen, die Sie an diesen Ort erinnert. Stellen Sie die Postkarte gut sichtbar auf Ihren Schreibtisch oder an einen Ort, an dem Sie diese gut sehen können. Es kann auch ein Gegenstand sein. Eine Muschel. Ein Stein. Malen Sie ein Bild. Schauen Sie, was für Sie passt!

1.3 Ken & Barbie: Mein Schein- oder Sein-TÜV

Was war Ihr Wunschberuf als kleines Kind? Wollten Sie vielleicht Tierärztin, Rennfahrer, Krankenschwester, Detektiv, Reitlehrerin, Feuerwehrmann oder Polizistin werden? Wenn wir klein sind, haben wir oft Vorstellungen, wie unser Leben später aussehen soll. „Wenn ich mal groß bin, dann ...“ erzählen Kinder mit glänzenden Augen. Irgendwann hört bei vielen der Glanz in den Augen auf und der Alltag – die Realität – hat sie eingeholt. Aus dem Wunsch, Tierärztin oder Feuerwehrmann zu werden, wurde nichts: „Lern was Gescheites“; „Mach das“; „Der Beruf XY hat Zukunft“. Wie haben Sie Ihren Beruf gewählt? War es Ihre Entscheidung oder die Ihrer Eltern? Wen haben Sie geheiratet, mit wem sind Sie zusammen?

Vor einiger Zeit hat mir ein Coaching-Klient gesagt, er hat nur geheiratet, da es in seiner Branche wichtig sei, zu diversen Veranstaltungen mit einer Frau an der Seite zu erscheinen. Es ist in seinen Kreisen üblich, das „klassische Häuschen in einer guten Wohngegend mit Kindern und Hund“ zu haben. Als junger Mann hat er davon geträumt, Musiker zu werden. Leidenschaftlich hat er stundenlang Schlagzeug gespielt, doch das ist lange her. Der 14-Stunden-Tag auf der Arbeit ist normal. Er verhandelt über „Millionen Deals“. Ständig unterwegs. Abends alleine im Hotelzimmer. Am Freitagabend würde er gerne ausruhen oder in den Jazzkeller ums Eck gehen. Stattdessen bereitet er schnell noch ein Angebot vor, das am Montag fertig sein muss. Er merkt, dass es ihm immer weniger gelingt, die Stimme in ihm, die sich fragt: „Was soll das Ganze?“, zu unterdrücken.

Eine andere Coaching-Klientin ist seit 24 Jahren verheiratet. Sie redet kaum noch mit ihrem Ehemann. Seit 10 Jahren hat sie keine Sexualität mehr mit ihm. Sie leben wie Roboter nebeneinander her. Als Kind wollte sie gerne Sängerin werden. Ihre Augen glänzen, als sie das erzählt. Doch die Eltern waren dagegen. Der Alltag hat sie eingeholt. Das Kind ist inzwischen aus dem Haus und studiert in einer anderen Stadt. Sie ist seit vielen Monaten lustlos und unzufrieden.

Viele Menschen leben in einer „Ken&Barbie-Welt“. AnSCHEINend sind sie glücklich. Doch der Schein trügt. Eigentlich ist alles gut. Wenn da nur das Wort „eigentlich“ nicht wäre. Nach außen hin die heile Welt und innen ist alles leer.

Diese Leere füllen sie mit Arbeit, Alkohol, Zigaretten, Tabletten, Sex, Drogen … Eine Gelegenheit, diese Leere, diese Oberflächlichkeit zu spüren, ist folgende:

Übung „Cocktailparty“

Suchen Sie sich ein paar Leute, die Sie kennen. Sie sind in einem Raum, wo Sie niemand sieht und hört. Stellen Sie einen Stuhlkreis auf, so dass Sie alle Platz haben, jedoch nicht zu viel. Stellen Sie einen Wecker auf 20 Minuten. In dieser Zeit bewegen Sie sich alle gemeinsam innerhalb des Stuhlkreises. Wichtig ist, dass Sie immer fortlaufend „bla bla bla“ sagen und lächeln. Sie können sich gegenseitig anschauen, stehen bleiben, für sich sein, Blickkontakt halten oder nicht. Egal, wichtig ist, dass Sie immer die Silben „bla bla bla“ sagen und lächeln. Hören Sie nicht auf. Auch wenn Sie denken „Was soll denn der Mist?“, machen Sie weiter. Vielleicht merken Sie irgendwann, wie belanglos es ist, sich so zu begegnen. Vielleicht sogar auch, wie anstrengend es ist. Vielleicht sind Sie begeistert und sogar froh, dass Sie nichts Sinnvolles sagen müssen, sondern endlich mal entspannen und nur „bla bla bla“ sagen und lächeln müssen. Diese Übung heißt Cocktailparty, da auf vielen Veranstaltungen und Partys oft nur Oberflächliches, also nichts als „bla bla bla“, gesprochen und nur gelächelt wird. Nach den 20 Minuten fragen Sie sich:
Wie erging es mir mit der Übung? Welche Erkenntnis habe ich für mich mitgenommen?

…………………………………………………………………………………………

…………………………………………………………………………………………

…………………………………………………………………………………………

…………………………………………………………………………………………

Einige Menschen leben lieber das Cocktailpartyleben, anstatt den Vulkan in ihrem Inneren wahrzunehmen. Zu merken, wie es im Innern brodelt. Dies ist die innere Stimme. Doch anstatt ihr Gehör zu geben, wird der Vulkan zugeschüttet. Die innere Stimme wird unterdrückt. Aus Angst vor dem Vulkanausbruch. Doch dieser brodelt weiter. Eines Tages – bei dem einen früher, bei dem anderen später – bricht der Vulkan aus, meist in Form von Krankheiten und Schicksalsschlägen. Erst wenn sie im Krankenhaus aufwachen, sich nicht mehr bewegen können, fangen sie an nachzudenken. Erst dann, wenn nichts mehr geht, hören sie der inneren Stimme zu.

Mit Ende 20 bin ich im Dezember in der Sauna zusammengebrochen. Ich kam mit Blaulicht ins Krankenhaus und musste dort bleiben: Verdacht auf Herzinfarkt. Was habe ich gemacht, als es mir wieder etwas besser ging? Sofort das Handy in die Hand genommen und mit dem Langzeit-EKG am Körper Kolleg/-innen angerufen und gearbeitet, anstatt mich auf mich selbst zu konzentrieren und innezuhalten. Ich werde nie das Bild vergessen, als die Schwester ins Zimmer kam und den Kopf geschüttelt hat. Gott sei Dank war es „nur" ein kleiner Herzfehler: Herzrhythmusstörungen. Mein Herz zeigte mir, dass ich nicht mehr so weiterleben möchte. Doch ich habe es ignoriert. Irgendwann ging es nicht mehr. Es war ein sehr schmerzhafter Prozess für mich. Gleichzeitig bin ich sehr dankbar, dass ich mich dafür entschieden habe, auf mein Herz zu hören und meine Bedürfnisse anzunehmen.

TIPP

Diesen TÜV durchzuführen ist im Leben immer wieder wichtig. Es ist nicht so, dass Sie ihn einmal machen und dann nie wieder. Lebe ich mein Leben oder das von Ken & Barbie? Diese Bestandsaufnahme sollten Sie regelmäßig durchführen. Genauso wie Sie Ihr Auto alle zwei Jahre zum TÜV bringen. Denn genau wie Ihr Auto benötigen auch Sie ab und an einen „Schein- oder Sein-TÜV"!

Übung „Ken & Barbie: Mein Schein- oder Sein-TÜV"
Wie genau würde mein Leben aussehen, wenn ich frei entscheiden dürfte?

Nehmen Sie sich hierfür Zeit. Es kann gut sein, dass dies ein paar Tage, vielleicht auch sogar einige Wochen dauert. Vielleicht sind Sie so in Ihrem Hamsterrad gefangen, dass Sie nicht auf Kommando Ihre innere Stimme hören. Geben Sie sich Zeit, nehmen Sie sich die Muße. Küssen Sie die innere Stimme wieder wach – genau wie Dornröschen nach den 100 Jahren Schlaf erst wieder wach geküsst werden musste.

IST – Der tatsächlich momentane Zustand in Ihrem Leben

Wie leben Sie momentan? Wichtig: Schreiben Sie alles auf, was Ihnen dazu einfällt. Seien Sie ehrlich und prüfen Sie es. Hilfreich können dabei die folgenden Fragen sein:

- Mein soziales Umfeld – Familie, Freunde, Bekannte
  Wie viel Zeit verbringe ich mit meiner Familie, Partner/-in, mit Freunden, mit Bekannten? Wie genau verbringe ich diese Zeit? Bin ich währenddessen wirklich dabei oder mit den Gedanken woanders? Genieße ich diese Zeit? Wie ist meine Partnerschaft? Wie ist mein Sexualleben? Was für Freunde habe ich? Kann ich mich auf sie verlassen? Wenn ich mit den Menschen zusammen bin, fühle ich mich danach genährt oder ausgelaugt?
  ....
  ....
  ....
  ....
  ....
  ....
  ....
- Mein berufliches Umfeld:
  Wie sehr mag ich meine Arbeit? Was gefällt mir daran und was nicht? Wie ist mein Chef, meine Chefin? Wie meine Kollegen und Kolleginnen? Wie ist die Arbeitszeit? Der Anfahrtsweg? Arbeite ich alleine oder im Team? Was für Ziele möchte ich beruflich erreichen?
  ....
  ....
  ....
  ....
  ....
  ....
- Wohnsituation:
  Wie lebe ich? Gefällt es mir, wo ich lebe? Ist dies ein Ort des Rückzugs und des Wohlfühlens für mich?
  ....
  ....
  ....
  ....

- Ich
  Wie ist mein körperliches, emotionales, mentales Befinden? Fühle ich mich wohl mit meinem Aussehen? Habe ich Kleidung an, die mir steht und in der ich mich wohl fühle? Wann habe ich das letzte Mal etwas für meine persönliche Weiterentwicklung getan? Was für Hobbys genieße ich? Wie lebe ich meine Sexualität? Wann nehme ich mir Zeit für mich alleine? Wie sieht mein soziales Engagement aus? Wie gehe ich mit mir selbst um? Was will ich bewirken in meinem Leben? Was will ich erleben?

  ....

  ....

  ....

  ....

  ....

SOLL – Der Zustand, den Sie gerne hätten/der sein soll

Was möchten Sie gerne? Nutzen Sie Ihre Phantasie. Was wünschen Sie sich?

- Mein soziales Umfeld – Familie, Freunde, Bekannte
  Wie viel Zeit will ich mit meiner Familie, Partner/-in, mit Freunden, mit Bekannten verbringen? Wie genau will ich diese Zeit verbringen? Werde ich diese Zeit genießen? Wie soll meine Partnerschaft sein? Wie mein Sexualleben? Was für Freunde will ich haben?

  ....

  ....

  ....

  ....

  ....

- Mein berufliches Umfeld:
  Wie wichtig soll meine Arbeit für mich sein? Was wird mir daran besonders gefallen? Wie soll mein Chef, meine Chefin sein? Wie meine Kollegen und Kolleginnen? Wie soll die Arbeitszeit sein? Der Anfahrtsweg? Will ich alleine arbeiten oder im Team? Was für Ziele will ich beruflich erreichen?

  ....

  ....

  ....

  ....

- Wohnsituation:
  Wie würde ich leben? Was wird die Wohnung für mich bedeuten? Wird dies ein Ort des Rückzugs und des Wohlfühlens für mich oder lediglich eine Basisstation?
  ....
  ....
  ....
  ....
  ....
- Ich
  Wie soll mein körperliches, emotionales, mentales Befinden sein? Will ich mich wohlfühlen mit meinem Aussehen? Wie soll meine Kleidung aussehen? Was will ich für meine persönliche Weiterentwicklung tun? Was für Hobbys will ich genießen? Wie will ich meine Sexualität leben? Will ich mir Zeit für mich alleine nehmen? Wie soll mein soziales Engagement aussehen? Wie will ich mit mir selbst umgehen? Was will ich bewirken in meinem Leben? Was will ich erleben?
  ....
  ....
  ....
  ....
  ....

Jetzt schauen Sie, wo die Unterschiede zwischen IST und SOLL sind. Betrachten Sie diese genau und überlegen Sie, was Sie tun können, um den IST-Zustand immer mehr dem SOLL-Zustand anzunähern!

....
....
....
....
....

Eine Vision schafft Energie, bewirkt Begeisterung,
lässt Träume Wirklichkeit werden.
Leben ist Leidenschaft für ein zukünftiges Ziel.

Theo Bergauer

1.4 „Ach wie gut, dass niemand weiß, dass ich …“: Vom Selbst- und Fremdbild

„Ach wie gut, dass niemand weiß, dass ich Rumpelstilzchen heiß‘.“ Wir alle haben unseren „Rumpelstilzchen-Anteil“ in uns. Es gibt Dinge, von denen wir nicht wollen, dass andere Menschen sie wissen. Es ist unser Geheimnis! Wiederum gibt es Seiten in uns, die uns unbekannt sind, die aber anderen sehr wohl bekannt sind. Dies sind laut den amerikanischen Sozialpsychologen **Jo**seph Luft und **Har**ry **I**ngham die „Blinden Flecken“! Das 1955 nach den beiden benannte „Johari-Fenster“ ist ein Fenster bewusster und unbewusster Persönlichkeits- und Verhaltensmerkmale zwischen einem selbst und anderen bzw. einer Gruppe.

	Mir bekannt	**Mir unbekannt**
Anderen bekannt	Öffentliche Person	Blinder Fleck
Anderen unbekannt	Mein Geheimnis	Unbekannt

1. Öffentliche Person = Alles, was ich von mir preisgebe. Dies ist mir und anderen bekannt. Anteile von mir, die ich nach außen sichtbar mache.
2. Mein Geheimnis = Ich weiß Dinge von mir, allerdings möchte ich nicht, dass andere davon wissen: „Der Rumpelstilzchen-Anteil“!
3. Blinder Fleck = Ich mache oder sage Dinge, die mir nicht bewusst sind. Allerdings können andere sie sehen.
4. Unbekanntes = Weder mir noch den anderen ist es bisher bekannt.

1.4.1 Fremdbild

Ich glaube, es ist nicht wichtig, jeden blinden Fleck in uns zu entdecken und anzuschauen. Doch um selbstbewusster zu werden, ist es wichtig, sich selbst zu entdecken und kennenzulernen. Dabei hilft es immer wieder, konstruktive Rückmeldung von anderen Personen zu bekommen.

TIPP

Lassen Sie sich von einer oder mehreren Personen Ihres Vertrauens Rückmeldung geben. Im beruflichen genauso wie im privaten Umfeld.

Von welcher Person in Ihrem Leben möchten Sie gerne zu was Rückmeldung? Von wem beruflich? Von wem privat?

....

....

....

....

ACHTUNG: Wichtig! Beachten Sie dabei:

- Die Rückmeldung von einer Person bezieht sich nicht auf Sie als „ganze Person“, sondern auf einen Teil von Ihnen, auf bestimmte Verhaltensweisen.
- Wenn Sie möchten, teilen Sie der Person mit, was die Rückmeldung in Ihnen auslöst. Wichtig ist, dass Sie sich dabei nicht rechtfertigen oder verteidigen: „Ja wissen Sie, ich habe heute nur so reagiert, da ich unglaublich müde bin. Heute Nacht habe ich nur 4 Stunden geschlafen, weil meine Nachbarn so laut waren. Außerdem habe ich momentan … bla bla bla.“ Lassen Sie das!
- Denken Sie daran, dass Sie wie alle anderen Menschen auch blinde Flecken in Ihrer Wahrnehmung haben. Konstruktive Rückmeldung ist hilfreich für Sie! Es hilft Ihnen, sich selbst und Ihre Wirkung auf andere Menschen besser kennenzulernen.
- Hören Sie genau hin, was die Person Ihnen sagt. Bei Unklarheiten oder wenn Sie etwas nicht verstanden haben, fragen Sie nach.
- Entscheiden Sie, ob Sie das Feedback annehmen möchten oder nicht. Reflektieren Sie Ihr Verhalten und schauen es sich an. Es ist gut möglich, dass die Person, die Rückmeldung gegeben hat, ihre eigenen Themen mit eingebracht hat. Hierbei können Neid, Eifersucht, die eigenen blinden Flecken usw. eine Rolle spielen.
- Sie können jederzeit die Rückmeldung beenden!
  Sie müssen sich gar nichts anhören! Alles kann sein und nichts muss sein.

Eine neue Coaching-Klientin kam zu mir und bat mich um Rückmeldung, wie ich sie wahrnehme. Als ich ihr meine Wahrnehmung mitteilte, war sie erstaunt. Ihr Chef gab ihr vor zwei Wochen eine Rückmeldung, die genau das Gegenteil beinhaltete.

Wir wirken immer anders auf die Menschen, ebenso wie Menschen immer anders auf uns wirken!

Ist uns jemand sympathisch, ist es einfach. Wir fühlen uns wohl und sind entspannt. Wenn wir ein problematisches Thema haben und eine Person verkörpert dies, wird sich die Begegnung schwerer gestalten. Bleiben wir am Beispiel meiner Coaching-Klientin. Im Laufe des Coachings entdeckte sie, dass ihr jetziger Chef sie an ihren ersten Chef erinnert. Dieser hatte sie vor Kollegen bloßgestellt. Sie hatte damals nichts gesagt und das ärgert sie bis heute. Daher verhält sie sich bei ihrem jetzigen Chef anders als bei mir. Sie fühlt sich unsicher und es fällt ihr auch heute noch schwer, gegenüber Autoritätspersonen zu sagen, was sie stört bzw. nicht möchte. Bei mir fühlte sie sich wohl, aus diesem Grund konnte sie locker und gelöst sein. Somit wirkt sie auf mich anders als auf ihren Chef.

Ein anderer Coaching-Klient berichtete mir, dass er eine Kollegin um Rückmeldung bat, wie sein Vortrag auf sie gewirkt habe. Diese teilte ihm mit: „Sie wirkten bei dem Vortrag arrogant.“ Im Gegensatz zu ihr waren viele andere begeistert. Es ist gut möglich, dass die Kollegin selbst gerne so selbstsicher vor anderen Menschen sprechen möchte, dies sich aber nicht traut. Sie macht andere kleiner, damit sie ihre eigenen Unsicherheiten nicht anschauen muss. Oder es hat ihr tatsächlich nicht gefallen, was auch in Ordnung ist. Sie können nicht jedem gefallen! Genauso gut kann es auf der anderen Seite passieren, dass Sie von vielen eine negative Rückmeldung bekommen und eine Person begeistert ist. Alles ist möglich!

TIPP: Fragen Sie nach!

„Danke für Ihre Rückmeldung. Sie helfen mir damit, wenn Sie diese konkretisieren. In welcher Situation habe ich auf Sie arrogant gewirkt und weshalb?“

TIPP

Wenn Sie Rückmeldung geben, ist es wichtig:

- Sprechen Sie in der ICH-Form
  Sagen Sie: „Ich empfinde es als …“; „Ich habe es … erlebt“; „Es wirkt auf mich …“; „Ich wünsche mir …“
- Zeitlich nahe Rückmeldung
  Wenn Sie die Rückmeldung erst nach 10 Wochen geben, kann sich die andere Person vielleicht nicht mehr daran erinnern. Beachten Sie, dass sie unmittelbar erfolgt.
- Machen Sie es konkret
  „Letzten Freitag auf dem Teammeeting haben Sie mir gesagt, …“ oder „Am Dienstag im Kundentermin …“ Wenn Sie es nicht mehr genau wissen, dann sagen Sie „Ich habe in Erinnerung, dass Sie am Dienstag im Kundentermin zu mir gesagt haben ...“
- Beschreiben Sie das beobachtete Verhalten
  Hier ist es besonders wichtig, dass Sie keine Bewertung abgeben. „Du bist immer so unsicher.“ Nein, so bitte nicht!!!
  Ja: „Am Dienstag bei der Teambesprechung hast Du präsentiert. Dabei ist Dein Kugelschreiber, während Du gesprochen hast, dreimal auf den Boden gefallen. Das wirkte auf mich unsicher.“
- Wichtig ist, dass Sie die Rückmeldung mit Respekt und Wertschätzung dem anderen Gegenüber geben.
- Achtung: Ratschläge sind auch Schläge!
  „Das kenne ich gut. Du musst das unbedingt zukünftig so machen, dann schaffst Du das auch …“
  – Nein, so bitte nicht! Vielleicht geht es Ihnen ansonsten wie dem Affen: „Lass Dir aus dem Wasser helfen oder Du wirst ertrinken!“, sprach der freundliche Affe und setzte den Fisch sicher auf den Baum.

1.4.2 Selbstbild

Malen Sie weiter an Ihrem Bild, an Ihrem „Selbstbild“! Forschen Sie weiter. Durch die Beschäftigung mit den „9 Gästen“ in der folgenden Übung kommen Sie in Berührung mit deren Eigenschaften. Vielleicht sind diese stärker, gelassener, bunter, ruhiger, lauter ... Vielleicht hätten Sie gerne etwas mehr oder etwas weniger davon in Ihrem eigenen Leben. Sie werden es gleich wissen!

TIPP

Diese Übung eignet sich auch, um sie gemeinsam mit Freunden durchzuführen, sich besser kennenzulernen oder neue Seiten zu entdecken.

Übung „9 Gäste und ich“

Stellen Sie sich vor, Sie haben die Möglichkeit, mit 9 Menschen an einem Tisch zu sitzen und einen interessanten Abend zu verbringen. Wer es sein wird, können Sie entscheiden. Es können lebende oder bereits gestorbene Personen sein. Schreiben Sie sich jetzt diese 9 Personen auf.

1.	6.
2.	7.
3.	8.
4.	9.
5.	

Haben Sie die 9 Personen aufgeschrieben? Wenn ja, dann schauen Sie sich die Menschen genauer an.
Was haben diese Personen für Eigenschaften?

1.	6.
2.	7.
3.	8.
4.	9.
5.	

Was für Gemeinsamkeiten haben sie?

....

....

....

Sind diese Personen lebend oder bereits tot?

1.	6.
2.	7.
3.	8.
4.	9.
5.	

Sind es Männer oder Frauen?

....

....

....

Was für Berufe haben oder hatten sie?

1.	6.
2.	7.
3.	8.
4.	9.
5.	

Weshalb habe ich diese Personen ausgesucht?

....

....

....

Was ist es genau, was mich an diesen Personen fasziniert?

....

....

....

Was davon habe ich bereits in meinem Leben?

....

....

....

Was davon wünsche ich mir mehr in meinem Leben?

....

....

....

Was ist mir bewusst geworden?

....

....

....

Gerade haben Sie sich mit den „9 Gästen“ beschäftigt. Forschen Sie weiter an Ihrem Selbst-Bewusstsein. Die folgenden Fragen helfen dabei:

Übung „Selbst-Bewusstsein“

An mir mag ich:

....

....

Gut kann ich:

....

....

Meine Stärken sind:

....

....

Diese Eigenschaft von mir ist klasse:

....

....

Wenn ich (bitte ergänzen)

....

....

mache, bin ich so begeistert bei der Sache, dass ich völlig die Zeit vergesse. Ich genieße es.

Andere loben mich für:

....

....

Andere bewundern an mir:

....

....

Meine Kraftquellen sind:

....

....

An mir mag ich nicht:

....

....

Schwer fällt mir:

....

....

Meine Schwächen sind:

....

....

Diese Eigenschaft von mir empfinde ich als negativ:

....

....

Wenn ich (bitte ergänzen)

....

....

mache, bin ich so genervt. Die Zeit erscheint mir dann ewig. Ich bin lustlos und froh, wenn es vorbei ist.

Ich lobe andere für:

....

....

Ich bewundere an anderen:

....

....

Bevor Sie weiter gehen, schauen Sie zum Abschluss nochmals Ihre Stärken und Kraftquellen an, die Sie in dieser letzten Übung eingetragen haben!

Übung: „Mein starker Name“

Schreiben Sie Ihren Namen auf.

……………………………………………………………………………………………

Jetzt nehmen Sie die einzelnen Buchstaben Ihres Namens. Schreiben Sie jeweils eine positive Eigenschaft oder Fähigkeit auf, die Sie besitzen. Eine Stärke von Ihnen. Was Sie an sich mögen.

Beispiel: Monica

Mag mich

Orientierungssinn ist gut

Neugierig

Intelligent
Charisma

Ausstrahlung

Beispiel::Alexander

Attraktiv

Lebenslustig

Einmalig

X-Mal habe ich wichtige Prüfungen gut bestanden

Ausgeglichen

Natürlich

Durchsetzungsstark

Energisch

Ruhig in Stresssituationen

……………………………………………………………………………………………

……………………………………………………………………………………………

……………………………………………………………………………………………

……………………………………………………………………………………………

……………………………………………………………………………………………

……………………………………………………………………………………………

……………………………………………………………………………………………

……………………………………………………………………………………………

……………………………………………………………………………………………

……………………………………………………………………………………………

……………………………………………………………………………………………

……………………………………………………………………………………………

1.5 Ihr inneres Team ist immer an Bord

Stellen Sie sich vor, Sie sind auf einem Schiff. Es ist ein großes Schiff. Um Sie herum Wasser. Sie hören das Meeresrauschen. Sie spüren die Wärme der Sonne auf Ihrer Haut. Sie stehen auf dem Deck. Sie sind der Kapitän und haben das Ruder in der Hand. Vor sich auf dem Deck sehen Sie viele Personen. Alle Personen sehen aus wie Sie! Alle Personen sind Sie! Es sind Ihre Persönlichkeitsanteile. Es ist Ihr Team. Vielleicht sehen Sie vor sich, wie Sie selbst lachen. Vielleicht, wie Sie ärgerlich sind. Ein anderer Persönlichkeitsanteil ist wütend. Ein weiterer schreit um Hilfe. Der nächste ist fröhlich. Im Eck sehen Sie vielleicht einen Anteil von Ihnen, der leise singt. Einer steht unsicher in der Ecke. Ein anderer liegt depressiv am Boden. Ein weiterer hüpft über Deck und teilt allen mit, wie verliebt er ist.

Die meisten Menschen wollen die für sie positiven und schönen Anteile bei sich haben und sehen. Die, die Unbehagen bereiten, drängen viele gerne von sich. Versuchen sogar, diese über Bord zu werfen. Doch das geht nicht! Weshalb? Weil Sie mit allen Anteilen verbunden sind. Tief aus Ihrem Bauchnabel geht eine lange, dehnbare, reißfeste Schnur direkt zu dem nächsten Anteil. Von dort aus wieder zu dem nächsten. So geht es reihum. Sie sind alle am Bauchnabel miteinander verbunden. Sie können gerne versuchen, einen Anteil von sich über Bord zu werfen, doch da Sie miteinander verbunden sind, werden Sie diesen Anteil nicht los. Er bleibt an der Schnur mit Ihnen im Bauchnabel verbunden. Er hängt außen. Wenn Sie mehr nachgeben, schwimmt er, während das Boot weiterfährt, nebenher und schluckt vielleicht ab und an Wasser. Anstrengend für ihn und anstrengend für Sie, da Sie das Gewicht halten müssen.

Stellen Sie sich vor, Sie sind auf einer einsamen Insel gestrandet. Etwas entfernt auf hoher See ist ein Schiff. Sie sehen dort an Deck all Ihre Freunde, Ihre Familie und Menschen, die Sie lieben. Diese sehen Sie auch, doch sie machen keine Anstalten, Sie von der einsamen Insel zu holen. Wie finden Sie das? Bestimmt gefällt Ihnen das nicht. Genauso wenig wie es Ihren Anteilen gefällt, dass Sie sie ins Wasser werfen und neben dem Boot herziehen.

Alle Ihre Anteile sind ein Team. Alle gehören zu Ihnen. Gehen Sie immer wieder in Kontakt mit Ihrem inneren Team. Wie in jedem Team gibt es harmonische

Zeiten und das Miteinander passt bestens — genauso wie es stürmische Zeiten und Turbulenzen gibt.

Nehmen wir ein Beispiel:
Sie haben am Montag einen wichtigen Kundentermin. Es ist alles vorbereitet und Sie starten ins Wochenende. Am Samstag merken Sie, wie sich Ihr „Gewissenhafter Anteil" meldet: „Schau Dir die Präsentation noch mal an. Ich bin mir nicht sicher, ob das wirklich genau berechnet wurde!" Ihr „Gelassener Teil" ist nicht einverstanden und möchte etwas sagen. Doch der „Gewissenhafte" spricht weiter ... Lassen Sie den „Gelassenen" zu Wort kommen. Vielleicht will er Ihnen sagen: „Ach komm. Das klappt schon alles. Genau wie beim letzten Mal. Genieße das Wochenende!"

TIPP

Hören Sie sich beide an. Verhandeln Sie so lange, bis es passt und alle zu ihrem Recht kommen. Die Lösung kann sein: Sie schauen sich die Präsentation nochmals an und Sie nehmen sich Zeit, das Wochenende zu genießen.

Entscheidend ist: Seien Sie neugierig, wer alles an Bord ist. Ab und an ist es wichtig, zu dolmetschen, zu vermitteln, zu verhandeln. Manche Teile sind sehr kraftvoll, da sie fast immer im Vordergrund stehen. Andere, die schwächer sind, brauchen vielleicht etwas Zeit, um wieder stärker zu werden. Wobei ich dabei nicht meine, Sie sollten unbedingt Ihren „Depressiven Anteil" hervorholen und ihm viel Aufmerksamkeit zeigen: „Ach ich war noch nie depressiv, es wird Zeit ..." — NEIN! Damit meine ich zum Beispiel: Sie haben früh gelernt, sich selbst und Ihre Geschwister alleine zu versorgen. Ihre Eltern haben den ganzen Tag im eigenen Schreibwarengeschäft gearbeitet. Es war für Sie wichtig, dass der „Mich-um-Andere-Kümmern-Anteil" in Ihnen sehr stark ausgeprägt wurde. 20 Jahre später kümmern Sie sich immer noch um die inzwischen längst erwachsenen Geschwister. Sie fangen vielleicht sogar schon an, sich in der Firma um alle zu kümmern. Der „Ich-schau-nach-mir-Anteil" in Ihnen ist im hintersten Eck an Bord und hat schon jahrelang nicht mehr gesprochen. Es ist wichtig, diesem Teil Achtsamkeit und Zeit zu schenken. Schauen Sie ihn sich an. Lassen Sie ihn zu Wort kommen. Hören Sie, was er braucht!

Alle Anteile gehören zu Ihnen! Ob Sie wollen oder nicht. Der Unsichere, Lustige, Traurige, Fröhliche, Einsame, Verliebte, Depressive ...: alle, alle gehören zu Ihnen. Alle haben ihre Berechtigung. Alle haben ihre positiven Absichten. Alle wollen von Ihnen gesehen, gehört, respektiert, wertgeschätzt, geliebt und angenommen werden. Wenn Sie Lust haben, können Sie gerne Namen verteilen. Wie sagte jemand zu mir: „Jetzt hat der kleine Toni wieder das Steuer in der Hand!“ Wichtig ist, dass Sie sich – dem Kapitän – das Ruder nicht aus der Hand nehmen lassen! Sie steuern und „Ihr kleiner Toni“ darf daneben stehen und bekommt seinen Teil Ihrer Aufmerksamkeit.

1.6 Zusammenfassung 1. Kapitel Selbsterkenntnis

Selbsterkenntnis ist für Sie wichtig, um Ihre Stärken und Schwächen zu kennen. Um zu verstehen, warum Sie mit sich selbst und Ihren Mitmenschen so umgehen, wie Sie es tun.

Wenn Sie alle Übungen durchgeführt haben, haben Sie den Menschen, den Sie jeden morgen im Spiegel sehen — sich selbst — besser kennengelernt. Sie kennen Ihren Ort, an dem Sie Kraft, Ruhe und Entspannung finden. Sie haben eine Schatzkiste, in der Sie alles sammeln, was Ihnen Freude macht, was Sie unterstützt und was Ihnen gut tut. Es kann sein, dass Sie Unbekanntes entdeckt haben. Sie wissen nun, ob Sie leben, was Sie wirklich wollen.

Wie geht es Ihnen jetzt mit Ihrer Selbsterkenntnis?

Was haben Sie erkannt?

....

....

Was haben Sie erfahren?

....

....

Was haben Sie erlebt?

....

....

---

2 Selbstsicherheit

Blicke in dein Inneres!
Da drinnen ist eine Quelle des Guten, die niemals aufhört zu sprudeln, solange du nicht aufhörst nachzugraben.

Marc Aurel

Sind Sie Ihrer selbst sicher? Wissen Sie, was Ihnen Sicherheit gibt? Was Ihnen Kraft gibt? Kennen Sie Ihre „Quelle des Guten“? Pater Anselm Grün spricht von „trüben und klaren Quellen“. Wenn Sie zu stark aus trüben Quellen schöpfen, wie zum Beispiel bei übertriebener Arbeitssucht, zu viel Ehrgeiz, starkem Perfektionismus, Kontrollzwang, mangelnder Selbstsicherheit, fühlen Sie sich kraftlos, ausgelaugt und am Ende. Es gibt klare Quellen, die uns reinigen, befruchten und erfrischen.

Einige von Ihnen haben als Kind mit viel Phantasie und Vorstellungskraft die eigene Welt erschaffen. Vielleicht hatten Sie unsichtbare Freunde. Sie haben in die Wolken geschaut und sich vorgestellt, sie fliegen dort oben. In manchen Fällen war es eine Flucht vor der Realität, sozusagen Imagination als heilende Kraft, in manchen Fällen einfach Spaß an der Freude!

In dieser Übung werden Sie sich wieder bewusst, was Ihnen bereits Sicherheit gibt und wo Sie sich noch mehr Sicherheit wünschen.

Übung „Klare Quelle“

Was ist Ihre „klare Quelle“ der Sicherheit? Worin haben Sie als Kind Sicherheit gewonnen? Was konnten Sie damals stundenlang tun, ohne erschöpft zu sein? Was können Sie heute stundenlang tun, ohne erschöpft zu sein, etwas, bei dem Sie sich sicher, kraftvoll und lebendig fühlen?

....

....

....

....

....

....

Überlegen Sie jetzt, welche Situationen es in Ihrem Leben gibt, in denen Sie sich unsicher fühlen. Vielleicht fallen Ihnen hierzu Beispiele aus Ihrem beruflichen und Ihrem privaten Umfeld ein:

Übung „Selbstsicherheit"

In welcher Situation in meinem Leben wünsche ich mir mehr Selbstsicherheit?

....

....

Warum fühle ich mich in dieser Situation unsicher?

....

....

Fällt mir jetzt schon etwas ein, das ich tun kann, um sicherer zu werden? Wenn nicht, schauen Sie in Ihrer „Schatzkiste" nach!

....

....

2.1 Sicher, geborgen und frei!

In der Nähe von Stuttgart bin ich aufgewachsen. In meiner Region galt die Devise: „Einmal Daimler, immer Daimler!" Wenn Sie einmal beim Autokonzern Daimler gearbeitet haben, brauchten Sie sich keine Gedanken mehr zu machen. Ein sicherer Arbeitsplatz! Heutzutage gibt es — außer Sie sind Beamter — keine Arbeitsplatz-Garantie mehr. Keine Sicherheit. Doch wir suchen die Sicherheit. Ein sicherer Arbeitsplatz, ein sicheres Einkommen, eine sichere Partnerschaft, eine sichere Wohnsituation — um unsere Sicherheitsbedürfnisse zu erfüllen. Verständlich! Doch es ist nur eine SCHEINbare Sicherheit. Es kann morgen alles weg sein: Kündigung im Job, Trennung vom Partner oder von der Partnerin, Wohnungskündigung. Das alles ist nicht „sicher". Sicher ist nur der Tod! Umso wichtiger ist es in den Zeiten des schnellen Wandels und der Veränderungen, sich die Sicherheit von innen zu holen. Die eigenen Kraftquellen zum Sprudeln zu bringen, sie wieder zu entdecken und zu aktivieren.

Hierbei sind die nächsten drei Übungen sehr hilfreich.

Übung „Sicher und fest verwurzelt, geborgen und frei beweglich“

Diese Übung empfehle ich Ihnen besonders, da sie immer und überall schnell durchgeführt werden kann. Sie hilft Ihnen dabei, innere Sicherheit zu erlangen.

1. **Die „Ich bin zu Hause und habe Zeit“-Variante**
   Als Vorbereitung massieren Sie Ihre Füße – Ihre Fußsohlen. Entspannen Sie sich. Danach stehen Sie bitte auf. Achten Sie darauf, dass Ihre Beine beckenbreit auseinander stehen. Ihre Knie sind leicht gebeugt. Atmen Sie tief ein und aus. Legen Sie Ihre Hände auf den Bauch. Beim Einatmen hebt sich der Bauch, beim Ausatmen senkt er sich. Stellen Sie sich vor, wie Sie beim Ausatmen allen Stress, Ihre Ängste und Sorgen mit ausatmen. Spüren Sie Ihr Gewicht auf den Füßen. Spüren Sie Ihre Fußsohlen. Stellen Sie sich jetzt vor, wie aus Ihren Fußsohlen Wurzeln zu wachsen beginnen. Diese gehen tief bis in die Erde hinein. Sie sind fest verwurzelt, so wie es für Sie angenehm ist. Sie stehen wie ein Baum. Kraftvoll und sicher. Bewegen Sie leicht Ihren Oberkörper. Merken Sie, wie Sie sich trotz der kraftvollen Wurzeln an den Füßen oben frei bewegen können. Sie sind beweglich und sicher. Es gibt etwas, das Sie gut trägt. Sagen Sie ein paar Mal den folgenden Satz laut zu sich selbst: „Ich bin sicher, geborgen und frei. Alles ist gut!“ Gerne können Sie auch Ihre eigenen Worte wählen. Wichtig ist, dass diese positiv formuliert sind.
2. **Die „Ich bin mitten in einer für mich schweren Situation und fühle mich unsicher“-Variante**
   Egal ob Sie sitzen oder stehen, stellen Sie beide Beine auf die Erde. Fühlen Sie Ihre Fußsohlen in Ihren Schuhen. Stellen Sie sich vor, wie aus Ihren Fußsohlen Wurzeln zu wachsen beginnen. Diese gehen tief bis in die Erde hinein. Dort sind sie fest verwurzelt. Sie stehen wie ein Baum. Kraftvoll und sicher. Jetzt sagen Sie sich in Gedanken: „Ich bin sicher, geborgen und frei. Alles ist gut!“

Übung „Mein Rücken stärkt mich“

Kennen Sie den Spruch „Das stärkt mir den Rücken“? In der Zeitung las ich beispielsweise: „Die Hauptaktionäre stärken ihm den Rücken.“ Die Verbindung von Bauch, Gehirn und dem zentralen Nervensystem ist die Wirbelsäule. Wenn wir entspannt sind, „fließt“ die Verbindung. Wenn wir uns besonders anstrengen, wenn wir das Wort MÜSSEN in uns tragen, fehlt uns das Vertrauen, die Sicherheit, dass alles gut ist, wie es ist. Oft sind Verspannungen im Rücken die Folge. Gezieltes Rückentraining hilft. Sport, Bewegung und die folgende Übung können helfen, innere Sicherheit und Entspannung zu bekommen.

Setzen, stellen oder legen Sie sich hin. Wichtig ist dabei, dass Sie dies mit dem Rücken an einer Wand gelehnt machen. Achten Sie darauf, dass es für Ihren Rücken, für Sie angenehm ist. Stehen Sie gut? Denken Sie daran, die Knie leicht gebeugt zu haben. Spüren Sie Ihre Fußsohlen und die Wurzeln. Liegen Sie? Dann schauen Sie, dass Sie so liegen, dass Ihre Wirbelsäule an der Wand entlang liegt. Sitzen Sie? Spüren Sie an der Wirbelsäule die Wand? Bleiben Sie eine Weile so sitzen, liegen, stehen und spüren Sie bewusst den Halt der Wand. Wenn Gedanken kommen, lassen Sie diese kommen und wieder gehen. Wie Wolken am Himmel, die ebenfalls kommen und gehen. Spüren Sie, wie die Wand Ihren Rücken hält? Wie Sie sich selbst dadurch stärken und halten können? Jetzt sagen Sie: „Ich bin sicher, geborgen und frei. Ich werde gehalten und unterstützt. Alles ist gut!“ Schreiben Sie dies auf ein Blatt Papier. Sagen Sie sich dieses laut, mindestens 3 x hintereinander. Gerne können Sie Ihre eigenen Wörter wählen. Wichtig ist, dass diese positiv formuliert sind.

Wie erging es mir mit der Übung?

....

....

....

Was oder wer stärkt mir den Rücken? Was stützt mich in meinem Leben? Was kann meinen Rücken entlasten?

....

....

....

Wer oder was fällt mir in den Rücken? Habe ich mir ein breites Kreuz zugelegt? Trage ich eine schwere Last?

....

....

....

Übung „Hara – Quelle des Lebens“

Sich loslassen
Sich niederlassen
Sich eins werden lassen
Sich neu kommen lassen
Sich hergeben
Sich hingeben
Sich aufgeben
Sich neu wieder finden

Karlfried Graf Dürckheim

Der japanische Begriff Hara hat zwei Übersetzungen: Bauch und Quelle des Lebens. Gleichzeitig bezeichnet der Begriff eine innere Haltung von Klarheit, Stille und Zentrierung. Die Hara-Meditation ist eine von vielen traditionellen Übungen, die in den asiatischen Kampfkünsten zur Einstimmung und Zentrierung vor dem Training und dem Kampf praktiziert werden. Das Hara ist die Zone zwischen Magen und Schambein und befindet sich zwei bis vier Fingerbreit unter dem Bauchnabel. Diese Übung hilft zur Zentrierung. Sie lässt die Kreativität fließen. Sie gibt innere Stabilität und somit Sicherheit. Wichtig ist, dass sie regelmäßig durchgeführt wird.
Setzen Sie sich:

a) im Schneidersitz auf den Boden, auf ein/en Meditationshocker oder -kissen. Wichtig ist, dass es Ihnen leicht fällt, mit geradem Rücken zu sitzen.
b) auf einen Stuhl ohne Rückenlehne. Stellen Sie die Füße nebeneinander flach auf den Boden, die Knie leicht geöffnet. Das gibt Stabilität und einen guten Bodenkontakt.

Schaffen Sie sich Platz für Ihren Bauch. Achten Sie darauf, dass dieser frei atmen kann und nicht durch Gürtel oder Hosen eingeengt ist. Beginnen Sie damit, dass Sie bewusst Ihren Körper spüren.

1. Phase

20 Minuten Oberkörper drehen

Hierfür einen Wecker stellen oder eine Entspannungsmusik einlegen, die ca. 20 Minuten dauert. Ich empfehle Ihnen die dazugehörige CD von Anando Würzburger, mit der ich selbst diese Übung durchführe.

Drehen Sie langsam den Oberkörper gegen den Uhrzeigersinn, also links herum. Die Linksdrehung wird während der gesamten Zeit beibehalten. Die Drehung soll aus dem Bauch kommen. Achten Sie darauf, dass der Oberkörper eine Linie bildet: vom Punkt zwischen den Augenbrauen bis hinab zum Hara (2–4 Fingerbreit unter Ihrem Bauchnabel). Stellen Sie sich die Form einer Eistüte vor. Genauso bewegen Sie sich: oben ausladend, unten am Hara zentriert. Ihre Aufmerksamkeit sinkt hinab zum Hara.

2. Phase

5 Minuten sitzen

Die Kreise Ihrer Bewegungen werden kleiner und kleiner, bis Sie gerade sitzen und in Ihrer Mitte ruhen. Beobachten Sie das Atmen in Ihrem Bauch.

3. Phase

5 Minuten liegen

Legen Sie sich flach auf den Rücken mit leicht geöffneten Armen und Beinen. Die Handinnenflächen zeigen nach oben. Beobachten Sie das Atmen in Ihrem Bauch. Nehmen Sie wieder bewusst Ihren Körper wahr.

Quelle: Anando Würzburger, ***www.hara-awareness.eu***

2.2 Die „kleine homöopathische Dosis Oberchecker"

Die Dinge gelten nicht für das, was sie sind, sondern für das, was sie scheinen. Wert haben und ihn zu zeigen verstehen, heißt zweimal Wert haben. Was nicht gesehen wird, ist, als ob es nicht wäre.

Baltasar Gracián y Morales

Kennen Sie Menschen, die in einen Raum kommen, und Sie spüren die Aura von „Ich kann alles"! Immer einen flotten Spruch auf den Lippen. Die sogenannten „Oberchecker"! In meinen Seminaren, Coachings und Vorträgen begegne ich immer wieder intelligenten und interessanten Menschen. Leider zeigen sie es nicht immer gleich. Oft machen sie sich erst auf den dritten oder vierten Blick sichtbar. Viele Menschen halten sich zurück, machen sich klein, sind still! „Was kann ich schon“; „Was habe ich schon zu sagen“; „Ist doch nichts Besonderes, was ich kann. Das kann doch jeder“; „Nachher sage ich etwas Falsches und blamiere mich“ … Ein Beispiel ist der Brite Paul Potts. Er war Handyverkäufer. Im Juni 2007 trat er in der Castingshow „Britain's got Talent“ auf. Mit einem Blick, der sagte: „Tu mir nichts“, betrat er die Bühne. Er löste beim Publikum und den Juroren Skepsis aus. Als er sagte, er will Oper singen, verdrehte ein Juror die Augen. Nach wenigen Takten begeisterte Paul Potts mit klarem Gesang. Viele Zuschauer applaudierten mit tränenden Augen. Ob er tatsächlich eine Jahrhundert-Stimme hat, kann ich als Laie nicht beurteilen. Fakt ist, dass er inzwischen ein bekannter Tenor ist. Er hat einen Plattenvertrag bei Sony BMG. Er war im Werbeclip der Telekom zu sehen und hat für Königin Elisabeth II. gesungen. Allen Menschen, die sich zurückhalten und sich „klein machen“, empfehle ich eine kleine homöopathische Dosis Oberchecker. Das heißt, wenn Sie zu den Menschen gehören, die sich im Hintergrund aufhalten, dann bringen Sie sich in den Vordergrund. Machen Sie sich sichtbar. Zeigen Sie sich!

Das Wort Kompetenz kommt vom lateinischen Wort „competere“ („zusammentreffen, zustehen“). Sinngemäß bedeutet es Fähigkeit! Kompetenz gehört zu den wichtigen Erfolgsfaktoren. Jedoch ist sie auf den ersten Blick schwer zu beurteilen.

Wenn Sie sich einen neuen Zahnarzt suchen, wie gehen Sie vor? Sollten Sie selbst kein Medizinstudium haben, ist es schwer zu beurteilen, wie kompetent dieser ist und welche Qualität in der Arbeit steckt. Vermutlich fragen Sie Bekannte nach Empfehlungen, vielleicht gehen Sie auf die Homepage und schauen sich die Referenzen an oder das Bild vom Zahnarzt und dem Team. Sympathie und Aussehen können eine Rolle spielen. Jedoch fehlen klare Qualitätskriterien, um die Kompetenz beurteilen zu können. Aus diesem Grund greifen viele Menschen gerne auf Qualitätssurrogate, d.h. Qualitätsersatzstoffe, zurück, wie zum Beispiel der Titel, das Alter, das Erscheinungsbild (graue Haare = viel Erfahrung) oder Auftreten der Person (Körpersprache, Kleidung, Dialekt, Stimme).

Erkennen Sie alle Ihre Fähigkeiten an und zeigen Sie diese nach außen! Wie machen Sie das? Lassen Sie uns weiter forschen! Selbstverständlich steht an erster Stelle, dass Sie sich tatsächlich Fähigkeiten aneignen bzw. diese schon da sind. Das ist die Basis! Jetzt geht es darum, wie Sie die tatsächliche Kompetenz mit der von außen wahrgenommenen Kompetenz verbinden!

TIPP

Achten Sie in nächster Zeit darauf, wenn Sie neue Menschen kennenlernen. Wie nehmen Sie diese wahr? Haben Sie das Gefühl, diese Leute sind selbstbewusst, selbstsicher? Wenn ja, warum genau empfinden Sie dies? Beobachten Sie diese Menschen!

Was genau bewundere ich an diesen Menschen oder was fällt mir auf:

....

....

....

....

....

2.3 Der erste Eindruck prägt, der letzte bleibt

Wie die Studie der amerikanischen Psychologen Janine Willis und Alex Todorov, Princeton-Universität, zeigt, machen wir uns innerhalb einer Zehntelsekunde ein Bild von einem Menschen. Diese kurze Zeit entscheidet, ob die andere Person uns sympathisch und vertrauenswürdig ist. Das heißt, wir machen uns sofort einen Eindruck von unserem Gegenüber. Damit Sie selbstbewusst und sicher wahrgenommen werden, ist es hilfreich, das eigene Selbstbewusstsein und die Selbstsicherheit zu stärken. Um dies zu erreichen, finden Sie hier gute Übungen und Tipps:

Von der Schildkrötenhaltung zum aufrechten Gang

Der Körper ist unser größter Schwätzer.

Prof. Samy Molcho

Viele Menschen neigen in für sie schweren Situationen dazu, sich klein zu machen, sich zurückzuziehen. Schultern hängend nach vorn, Rücken rund, Kopf nach unten, Kopf rein: die Schildkrötenhaltung. Diese wirkt unsicher. Ein Mensch wirkt kompetent und sicher, wenn er sich mit aufrechter Körperhaltung und mit geradem Rücken bewegt.

Übung „Souverän auftreten"

Diese Übung gelingt am besten vor dem Spiegel:
Stellen Sie sich gerade hin. Ihre Füße stehen hüftbreit. Es ist, als ob Saugnäpfe an Ihren Fußsohlen sind. Stehen Sie wie ein Baum. Oben beweglich und unten sicher, fest verwurzelt. Die Knie sind leicht gebeugt. Stellen Sie sich vor, Sie haben einen unsichtbaren Faden an Ihrem Scheitelpunkt am Kopf. Von dort aus werden Sie emporgezogen. Aufrecht stehen Sie da. Früher hat man zum Lernen eines aufrechten Ganges jungen Damen Bücher auf den Kopf gelegt. Der Kopf durfte nicht zu hoch sein oder zu weit nach unten, ansonsten wäre das Buch herunter gefallen. Also, Kopf nicht zu hoch, das wirkt arrogant, Kopf nicht nach unten, das wirkt unsicher. Den Kopf gerade halten. Die Schultern befinden sich in leichtem Zug nach hinten. Denken Sie an Ihr Hara. Wichtig: Vergessen Sie nicht das regelmäßige Atmen. Entspannen Sie und seien Sie gleichzeitig körperlich zentriert und aufrecht.

Deine Miene spricht aus, was auch immer Du verheimlichst. (Seneca)

Kennen Sie die amerikanische Fernsehserie „Lie to Me"? Eine Gruppe von Experten erforscht in den Gesichtern und der Körpersprache von Menschen, ob diese lügen oder nicht. In der Serie werden die Arbeiten des US-Psychologen Paul Ekman dargestellt. „Das Gesicht ist das Fenster des Geistes", sagt Ekman. 43 Muskeln verändern Stirn, Augen, Nase und Mund zu ständig wechselnden Gesichtsausdrücken.

Wenn wir uns freuen oder genervt, fröhlich, verärgert, im Stress, glücklich usw. sind, zeigen wir dies. Bewusst oder unbewusst. Das ist auch gut so. Allerdings ist es nicht förderlich, wenn Sie genervt sind und kurz vor einem wichtigen Kundentermin, einer Präsentation oder einem wichtigen Gespräch stehen.

Übung „Lächeln lockert"

Stellen Sie sich vor einen Spiegel. Legen Sie beide Hände eng an die Hüften. Die Handinnenflächen zeigen dabei nach außen. Jetzt gehen Sie langsam mit Ihren Händen nach oben. Wichtig ist dabei, dass Sie Ihr Spiegelbild immer anschauen und Ihre Hände immer fest an den Körper gedrückt sind. Weiter und immer weiter, hoch bis zum Hals. Dann drücken Sie Ihre Hände fest an die Wangen und weiter hoch. Spätestens hier sieht ihr Spiegelbild so aus, dass Sie lachen müssen. Das entspannt Sie und Ihr Gesicht!

Ein Blick sagt mehr als 1.000 Worte

Sie werden von einer Person verbal angegriffen. Sie fühlen sich unwohl und zack ... der Blick geht weg von der Person. Viele Menschen reagieren auf diese Weise. Bleiben Sie standhaft! Gerade in solch schweren Momenten ist es wichtig, dem Blickkontakt standzuhalten. Das wirkt sicher und souverän. Doch nicht nur hier: Auch bei einem „normalen Gespräch" oder in einer Präsentation ist es wichtig, immer wieder das Gegenüber, die Zuhörenden direkt anzuschauen. „Er würdigte mich keines Blickes!" Doch wir wollen gesehen werden! Menschen, die uns nicht anschauen, wirken oft arrogant, überheblich und unsympathisch. Wir wollen gesehen werden! Wichtig ist dabei, dass es kein Anstarren wird. Fällt es Ihnen schwer, Menschen direkt anzuschauen?

TIPP

Fangen Sie langsam damit an. Schauen Sie den Menschen auf den Punkt in der Mitte zwischen den Augen. Tasten Sie sich Schritt für Schritt an die Augen heran und erforschen Sie, was Sie so unsicher macht. Ein freundlicher und offener Blick mit einem Lächeln auf den Lippen signalisiert Interesse sowie Offenheit und erzeugt Sympathie.

„Wackeldackel“

Beobachten Sie zwei Menschen, die in einem Restaurant oder Café intensiv in ein Gespräch vertieft sind. Sie werden sehen, dass der Zuhörende von Zeit zu Zeit ein zustimmendes Wort spricht: „Ja, genau“, „Ach ja“, „o.k.“, oder eine zustimmende Geste, ein Nicken durchführt. Damit signalisiert der Zuhörende dem Sprechenden: „Ich höre Dich an, ich bin bei Dir, rede weiter.“ Kennen Sie die folgende Situation? Sie sind in einem Gespräch oder einer Präsentation und es kommen kaum Regungen von den Zuhörenden?

Wie fühlen Sie sich ...? — Genau!

Sie sollen jetzt nicht zum „Wackeldackel“ werden, der ständig seinen Kopf vor und zurück bewegt. Doch ab und an dem Gegenüber damit signalisieren: „Ich bin bei Dir“, „Ich höre, was Du sagst“, signalisiert Wertschätzung und Respekt.

Wohin mit den Händen?

Denken Sie daran: Der erste Eindruck prägt und der letzte bleibt! Am Anfang ist es wichtig, dass Sie die Arme sichtbar den anderen Menschen zeigen. Halten Sie diese hinter den Rücken, kann der Gedanke kommen, ob Sie etwas zu verbergen haben. Lassen Sie die Hände in den Hosentaschen, wirkt dies oft zu leger. Einige fangen an, mit Münzen oder sonstigem zu spielen, was die Hand beim Eingreifen in die Hosentasche entdeckt. Lassen Sie das! Dies wirkt nervös auf andere. Kennen Sie die berühmte Zeigefinger-Geste? Es wirkt bedrohend oder belehrend, wenn Sie zu oft mit Ihrem Zeigefinger direkt auf andere zeigen. Unterstützend wirkt die Geste, wenn Sie es mit einem Kugelschreiber machen. Hinzu kommt, dass viele, wenn sie nervös sind, anfangen mit dem Kugelschreiber in der Hand zu spielen. Der Ehering oder Ringe an sich sind ebenfalls beliebte Spielzeuge. Dies alles wirkt unruhig und lenkt vom Zuhören ab.

TIPP

Legen Sie die Hände locker an der Bauchnabelgegend zusammen. Achten Sie darauf, dass es keine Gebetshände oder Schutzschilde für den Unterleib sind. Gestik mit den Händen wirkt lebendig. Allerdings darf es nicht zu viel sein, das wiederum wirkt unruhig. Es gilt die Regel: „Große Gesten vor großem Publikum, kleine Gesten vor kleinem Publikum!" Eine gute Balance zwischen Ruhen der Hände und Aktivität.

Vom Fisch- und Schraubstock-Händedruck

Sie begrüßen jemanden. Der Händedruck ist so stark, dass Sie das Gefühl haben, in einen Schraubstock zu langen. Aua! Das Gegenteil ist der „Fisch". Etwas „labbert" zwischen Ihren Fingern und Sie fragen sich, was das ist. Ach ja, die Hand des anderen. Beides unangenehm. Übertroffen wird das Ganze noch, wenn die Hände feucht und verschwitzt sind. Haben Sie selbst feuchte Hände? Im Sommer oder nach einem langen Messetag kann das passieren!

TIPP

Streifen Sie diese kurz und unauffällig vor jeder Begrüßung an Ihrem Hosenbein oder Rock ab. Genauso machen Sie es, wenn Sie jemand mit feuchten Händen begrüßt und der nächste auf den Handschlag wartet. Weg vom „Fisch" und „Schraubstock"! Begrüßen Sie jeden mit Blickkontakt und einem angenehmen Händedruck.

Die Grenzverletzung

Sie begrüßen eine Person. Dabei fühlen Sie sich unwohl. Warum? Vielleicht liegt es daran, dass diese Person in Ihren persönlichen Bereich eingedrungen ist. Die Psychologen Albert und Dabbs fanden heraus, dass die Distanz zwischen Personen einen sehr großen Einfluss hat. Kommt uns jemand zu nahe, fühlen wir uns unwohl, sehen es als Grenzverletzung oder fühlen uns sogar teilweise bedroht. Die intime Distanzzone, ca. 50 cm, sollte eingehalten werden. Sind Sie noch im Handschlag mit dem Gegenüber verbunden und diese Person kommt zu nahe, dann nehmen Sie Ihre beiden Hände und lenken Sie diese Richtung Bauch des anderen. Somit wird die Person abgehalten, noch näher zu kommen. Im Seminar sagte jemand zu mir: „Ja, aber das ist doch unhöflich." Ist es denn höflich, wenn Ihnen jemand zu nah kommt? Nein! Respektieren Sie Ihre eigenen Grenzen. Sollte dies nichts nützen, sprechen Sie es an! Achten Sie darauf, dass Sie bei Fremden die intime Distanzzone respektieren und dass andere Personen die Ihre respektieren!

Stimmt die Stimme?

Das menschliche Gehirn verarbeitet jedes artikulierte Wort bereits nach 140 Millisekunden, egal ob wir singen, schreien, sprechen, seufzen oder stöhnen. Über die Stimme bekommen wir einen schnellen Zugang zu den Gefühlen der Menschen. Wie ist Ihre Stimme, wenn Sie unsicher sind? Einige Menschen fangen an, sehr schnell zu sprechen. „Verschlucken" Worte. Reden in einer sehr hohen Tonlage. Mit Ihrer Stimme können Sie langweilen und Unbehagen hervorrufen. Mit Ihrer Stimme können Sie begeistern, führen und überzeugen. Damit Sie jeder versteht, sprechen Sie klar, laut und deutlich. Als Schwäbin finde ich, Dialekte sind erlaubt, solange sie auch verständlich sind ...!

Eine Frau sollte sich jeden Tag so anziehen, als könnte sie ihrer großen Liebe begegnen (Coco Chanel)

Auch wenn Sie Ihrer großen Liebe schon begegnet sind, machen Sie sich Gedanken, was Sie anziehen. Egal, ob es Ihnen wichtig ist oder nicht, es hat IMMER eine Wirkung, was Sie anhaben. Kleider machen Leute! Überlegen Sie sich, bevor Sie aus dem Haus gehen: Was für ein Anlass ist es? Gibt es einen Dresscode, das heißt: Sollen Sie als Frau Kostüm tragen, als Mann in Anzug und Krawatte zum Kundentermin erscheinen? Gibt es in Ihrer Firma einen „Casual Friday"? Dann können Sie, sofern Sie keine Termine außer Haus haben, an diesem Tag lässig in Jeans und ohne Krawatte erscheinen. Bei einer Veranstaltung stellt sich die Frage: Wo findet diese statt, im Vier-Sterne-Hotel oder im Garten des Chefs? Was ist mein Ziel bei der Veranstaltung? Wem werde ich auf diesem/r Event/Termin/Veranstaltung begegnen?

8 Tipps: Die besondere Situation – Selbstsicherheit beim Vortrag

Der erste Eindruck prägt: Der Beginn einer Rede bzw. eines Vortrages

„Guten Tag, sehr geehrte Damen und Herren. Es freut mich, dass Sie alle hier sind. Mein Name ist Marc Morc. Ich begrüße Prof. Dr. Gurts, Herrn Kann, Frau Dr. Nimmer, Frau Will, Herr Nimmer ...“ – spätestens hier beginnen sich viele zu langweilen. Wenn Menschen auf diese Weise eine Rede beginnen, kann ich meist davon ausgehen, dass ich die ersten fünf Minuten nicht aufpassen muss. Wenn mich das Thema fesselt, höre ich danach wieder zu, wenn nicht, schaue ich, wer sonst noch da ist. Weil sich viele andere auch langweilen, ergeben sich oft nette Blickkontakte und spätere Gespräche. Da ich dadurch schon interessante Menschen kennengelernt habe, danke ich allen „langweiligen Rednern“. Um nicht dazu zu gehören, beginnen Sie Ihren Vortrag bitte nicht wie oben beschrieben. Seien Sie mutig. Machen Sie es anders!

1. Beginnen Sie mit einem Zitat. Mit einer Geschichte. Mit einem persönlichen Erlebnis. Wichtig ist, dass Sie den Bezug zum Thema herstellen.
2. Stellen Sie einen Kontakt mit dem Publikum her. John F. Kennedy sagte in Berlin in seiner Rede: „Ich bin ein Berliner.“ Alle waren begeistert und er hatte die Menschen auf seiner Seite.
3. Stellen Sie sich vorne hin und sagen nichts. Schauen Sie die Menschen an. Nach ein paar Sekunden werden Sie merken, wie einige nervös werden. Dann sprechen Sie: „Ich habe das Gefühl, dass es einige von Ihnen nervös macht, wenn ich nichts sage. Genauso ging es mir die letzten Wochen. Keiner hat in diesem Projekt etwas gesagt. Das macht mich nervös. Lassen Sie uns heute schauen, wie wir die Lösung finden.“ So, oder so ähnlich!
4. „Stellen Sie sich vor, wir stehen jetzt gemeinsam in einem Supermarkt. Jeder von Ihnen hat einen Einkaufswagen vor sich. Ich werde Ihnen heute jede Menge Produkte vorstellen. Sie entscheiden, welches Produkt Sie in Ihren Einkaufswagen legen.“
5. Nehmen Sie ein volles Glas Wasser in die Hand. Sagen Sie einen Text, zum Beispiel: „Vor drei Monaten sind wir motiviert mit dem Projekt gestartet. Nach einer Woche kam der erste Einbruch.“ Während Sie das sagen, schütten Sie etwas Wasser aus dem Glas. „In der zweiten Woche mussten wir am Wochenende arbeiten, um die Präsentation

vorzubereiten." Jetzt schütten Sie wieder etwas Wasser aus. So geht es weiter, bis das Glas leer ist. „Heute stehe ich vor Ihnen mit einem leeren Glas. Mein Eindruck ist, viele sind müde und fühlen sich so leer wie dieses Glas. Lassen Sie uns gemeinsam schauen, wie wir das Glas wieder füllen können." Jetzt füllen Sie das Glas wieder auf. Wichtig: prüfen Sie vorab, dass es kein Boden aus Laminat ist!

6. Sie nehmen einen Gegenstand mit, zum Beispiel ein kleines Schwein aus Stoff. Dieses halten Sie hoch, damit es jeder sehen kann, und sagen: „Guten Tag. Mein innerer Schweinehund und ich sprechen heute mit Ihnen über das Thema: Ist Joggen um 6 Uhr morgens sinnvoll?"
7. Vor einigen Jahren war ich mit einem damaligen Kollegen auf einem Seminar. Jeder stellte sich vor. Als er an der Reihe war, stieg er auf den Tisch. Er stellte sich vor und nahm Bezug zu dem Film „Der Club der toten Dichter". Andreas, Du bleibst mir immer in Erinnerung!
8. Eine Rede, die mich beeindruckt hat, kam von Gerhard Lindemann. Die Rede war bei einer Veranstaltung von Hewlett-Packard, wo er als Führungskraft tätig war. Der Saal war mit ca. 200 Leuten besetzt. Gerhard Lindemann stellte sich vor und zeigte am Overhead-Projektor sein Zeugnis. Er ist gelernter Landwirt! In der Rede hat er dann davon gesprochen, wie er vom Landwirt zum Vice President & General Manager bei Hewlett-Packard aufgestiegen ist. Mutig, locker, klar, souverän und humorvoll. Gerhard, für mich unvergesslich - danke!

Der letzte Eindruck bleibt: Das Ende einer Rede, eines Vortrages

Ein guter Anfang und ein guter Schluss sind wichtig. Achten Sie darauf, dass Sie den Schluss so gestalten, dass Sie in Erinnerung bleiben. Gut eignet sich, beim Ende des Vortrages an den Anfang anzuknüpfen und beides zusammenzubringen. Wenn Sie zum Beispiel den Einstieg mit dem Supermarkt (siehe oben Punkt 4) genommen haben, dann können Sie am Schluss sagen: „Wir sind jetzt an der Kasse angekommen. Es ist Zeit, dass jeder nach Hause geht und die Produkte, die in seinem Einkaufswagen liegen, ausprobiert. Ich wünsche Ihnen dabei viel Spaß. Danke für den gemeinsamen Einkaufsbummel. Kommen Sie gut nach Hause!"

Oder Sie erzählen eine Geschichte, die nichts mit dem Anfang zu tun hat, sondern als Überraschung zum Schluss kommt. Wichtig ist, dass diese das Thema beinhaltet, wie im folgenden Beispiel die Geschichte zum Thema Selbstsicherheit.

BEISPIEL: Zwei Wölfe

Ein alter Indianer saß mit seinem Enkelsohn am Lagerfeuer. Es ist dunkel geworden. Das Feuer knackt. Der Alte sagte nach einer Weile des Schweigens: „Weißt Du, wie ich mich manchmal fühle? Es ist, als ob da zwei Wölfe in meinem Herzen miteinander kämpfen. Einer der beiden ist unsicher, voller Angst und schüchtern. Der andere hingegen ist selbstsicher, mutig und neugierig." „Welcher der beiden wird den Kampf um Dein Herz gewinnen?" fragt der Junge. Der alte Mann antwortet (hier machen Sie eine kleine Pause und schauen die Zuhörenden an!): „Der Wolf, den ich füttere."
Ich wünsche Ihnen, dass Sie den selbstsicheren, mutigen und neugierigen Wolf in Ihnen füttern. Einen schönen Abend und kommen Sie gut nach Hause!

2.4 Die Nervosität hat das Steuer übernommen – Wie Sie selbstsicher schwere Situationen meistern

Sie haben nächste Woche eine wichtige Präsentation vor einem potenziellen Kunden und Ihrer Geschäftsführung. Wenn Sie daran denken, merken Sie, dass Ihnen die Beine zittern. Es fällt Ihnen schwer zu atmen. Sie reden zu schnell. Sie verspüren einen Kloß im Hals. Ihre Stimme ist hoch. Sie fühlen Beklemmung in der Brust. Sie haben Angst, völlig zu versagen, sich zu blamieren und kein Wort herauszubekommen. Ja? Dann begrüßen Sie herzlich Ihre Nervosität. Sie hat das Steuer übernommen! Als Erstes schauen Sie nach dem Kapitän. Er soll das Ruder wieder in die Hand nehmen. Dann lassen Sie die Nervosität erneut an Ihre Seite. Sie ist Ihnen eine gute Hilfe, um sich gut vorzubereiten. Wir erzielen dadurch oft bessere Leistungen. Die höhere Spannung im Körper gibt uns mehr Kraft. Das Adrenalin hält uns wach. Machen Sie ein paar gute Übungen, so dass sich Ihr nervöser Anteil wieder in eine Ecke vom Boot zurückziehen kann. Wenn Sie Ihr erlaubtes Aufputschmittel wieder brauchen, ist es an Bord!

Ich wollte wissen, wie Menschen mit dem Thema Nervosität umgehen, und habe einige gefragt, die selbstsicher auf mich wirken. Einer sagte mir: „Ich trinke vor jedem Vortrag Schnaps, das hilft". Tipp von mir: Sie müssen nicht alles machen, was andere tun ...! Doch entscheiden Sie selbst:

15 Tipps zum Meistern von schweren Situationen

1. **Das A und O ist die gute Vorbereitung**
   Erinnern Sie sich daran, als Sie das erste Mal ein Auto gefahren haben? Bestimmt sind Sie nicht eingestiegen und gleich mit 180 km/h auf die Autobahn gebraust. Vielleicht waren Sie nervös und haben sich zeigen lassen, wo genau Schaltung, Gas und Bremse sind und wie diese bedient werden. Heute nach vielen Jahren steigen Sie vermutlich nicht mehr ins Auto und schauen nach Schaltung, Gas und Bremse bzw. wie diese angewendet werden. Durch Übung und gute Vorbereitung ging es irgendwann wie von alleine. Genauso gilt es hier. Üben Sie und bereiten Sie sich vor. Dies gibt Sicherheit! Bei einer Präsentation zum Beispiel schreiben Sie die Themen stichwortartig auf Moderationskarten. Üben Sie vorab mit Menschen, die Ihnen konstruktives Feedback geben. Wenn Sie ein wichtiges Gespräch haben, überlegen Sie sich den Gesprächsverlauf. Was für Fragen können gestellt werden? Haben Sie Ihre Argumente gut überlegt? Was ist Ihr Ziel?
2. **Achten Sie auf Ihre Gedanken**

   Man muss sich durch die kleinen Gedanken, die einen ärgern, immer wieder hindurchfinden zu den großen Gedanken, die einen stärken.

   Dietrich Bonhoeffer

   Ihre Gedanken können Sie stärken oder schwächen. Achten Sie besonders vor einer wichtigen Präsentation, einer Rede oder einem Gespräch darauf, was Sie denken. Unter Kapitel 6. Selbstgelassenheit finden Sie hierzu weitere Übungen.

Übung „Starke Gedanken"

Nehmen Sie sich kurz vor dem für Sie wichtigen Ereignis ein paar Minuten Zeit. Denken Sie dann an Ihre Stärken und daran, dass alles gut läuft. Stellen Sie sich vor den Spiegel und veranschaulichen Sie sich dieses Ereignis. Wie wird die Situation Ihren Wünschen und Vorstellungen entsprechend ausfallen? Wie werden Sie aussehen, nachdem die Situation vorbei ist? Werden Sie lächeln? Wie werden Sie sich fühlen? Was hören Sie? Stellen Sie sich alles genau vor und halten Sie sich das Bild vor Augen.

3. **Trinken**
   Damit Sie konzentriert und wach bleiben, nehmen Sie genügend Flüssigkeit zu sich. Wenn Sie ein wichtiges Gespräch oder eine Präsentation haben, wählen Sie am besten stilles Wasser ohne Kohlensäure, da ansonsten Aufstoßgefahr besteht. Wichtig ist, dass das Wasser Zimmertemperatur hat und nicht kühl ist. Dies schont zusätzlich die Stimmbänder.
4. **Tief durchatmen**
   Gehen Sie an die frische Luft. Legen Sie Ihre Hände auf Ihren Bauch. Atmen Sie tief in den Bauch ein und aus. Beim Einatmen hebt sich die Bauchdecke nach außen. Beim Ausatmen geht sie nach innen. Stellen Sie sich vor, dass bei jedem Atemzug der Stress mehr und mehr aus Ihrem Körper geht.
5. **Der Halt der mich hält**
   Um sicher aufzutreten, sollten Sie sicher sein. Um sicher zu werden, kann Sie die Übung „Sicher und fest verwurzelt, geborgen und frei beweglich" (siehe Kapitel 2.1 Sicher, geborgen und frei!) gut unterstützen.
6. **„Auskotzübung"**
   Die nächste Übung nenne ich liebevoll die „Auskotzübung".

Übung: Auskotzübung

Stellen Sie Ihre Beine beckenbreit auf den Boden. Jetzt denken Sie an die schwere Situation, die Sie zu bewältigen haben. Bemerken Sie Ihre Angst und Nervosität? Beugen Sie sich nach vorne. Währenddessen öffnen Sie Ihren Mund und sagen laut: „Aaaaahhhhh." Stellen Sie sich vor, Sie „kotzen" all Ihre Ängste und Sorgen aus. All das, was Sie belastet, fließt aus Ihnen heraus. Meine Empfehlung: Machen Sie das nicht, wenn andere Sie hören oder sehen können ...!

7. **Bewegung**
   Gehen Sie schnellen Schrittes. Joggen Sie. Machen Sie eine Sportart, die Sie in Bewegung bringt. Die Ihrem Körper hilft, den Stress abzubauen. Gehen Sie spazieren, am besten in der Natur. Das beruhigt und entspannt.
8. **Meditation**
   Es gibt verschiedene Arten von Meditation. Im Sitzen, im Gehen, im Liegen. Finden Sie heraus, welche die für Sie passende ist. Im Buch ist die Hara-Meditation (siehe Kapitel 2.1 Sicher, geborgen und frei!) beschrieben. Aus meiner Sicht ist sie sehr effektiv. Sie hilft, sich zu fokussieren und zu zentrieren, und gibt Sicherheit.
9. **Duschen**
   Duschen Sie bewusst! Stellen Sie sich vor, wie das Wasser auf Ihrem Körper alles wegspült, was Sie belastet und ärgert. Alles fließt von Ihnen ab!
10. **Was ist das Schlimmste, was Ihnen passieren kann?**
    Angenommen, Sie haben Angst vor einer für Sie wichtigen Präsentation. Stellen Sie sich die Frage: „Was ist das Schlimmste, was mir passieren kann?“ Werden Sie oder Ihre Familie sterben? Sind Sie dadurch existenziell bedroht? Müssen Sie, wenn es nicht hundertprozentig gut läuft, ab morgen auf der Straße leben? Was ist realistisch gesehen wirklich das Schlimmste, was passieren kann? Sie werden feststellen, dass es meist keine existenziellen Themen sind. Oft ist es Angst, zu versagen oder sich zu blamieren. Doch etwas wirklich existenziell Bedrohliches ist es nicht. Beruhigend!
11. **Vorbilder**
    Schauen Sie sich andere Menschen an, die für Sie Selbstsicherheit ausstrahlen. Fragen Sie nach, was die Menschen gemacht haben in Bezug auf ihre Nervosität und um selbstsicher zu werden. Lernen Sie von diesen Menschen und machen Sie sich bewusst, dass Sie das ebenfalls schaffen können.
12. **Die eigenen Kraftquellen wecken**
    Welche sind Ihre eigenen, persönlichen Kraftquellen? Woraus holen Sie Ihre Kraft? Es kann sein, dass es einer der aufgeführten Punkte ist. Es kann aber auch etwas anderes sein. Vielleicht haben Sie auf Ihrem Handy ein Bild mit Ihrer Familie gespeichert. Kurz bevor das für Sie wichtige Ereignis beginnt, schauen Sie es sich an. Entdecken Sie Ihre eigene Kraftquelle!

13. **„Motivationsmenschen“**
Haben Sie Menschen in Ihrem Umfeld, die Ihnen gut tun? Die Ihnen Energie schenken, Sie aufmuntern, bei denen Sie lächeln? Wenn ja, rufen Sie sie an. Vereinbaren Sie einen Telefontermin mit ihnen, kurz bevor Ihr wichtiger Termin stattfindet. Holen Sie sich einen kurzen aufmunternden „Telefon-Motivationsschub“.
14. **Was ist das Gute daran?**
Stellen Sie sich die Frage: „Was ist das Gute daran, dass ich diese für mich schwere Situation habe?“ Bleiben wir bei dem Beispiel mit der Präsentation vor dem Kunden sowie der Geschäftsführung. Was ist das Gute daran, dass Sie die Präsentation durchführen? Mögliche Antworten wären: „Ich habe die Möglichkeit direkt dem Kunden zu zeigen, was wir Tolles entwickelt haben“; „Ich habe die Möglichkeit der Geschäftsführung zu zeigen, dass ich einen guten Job mache und sie mich öfters in große Projekte einbinden soll“; „Ich habe die Chance, vor vielen Menschen zu sprechen. Je öfter ich das mache, umso sicherer werde ich.“
15. **Machen Sie sich Ihre Nervosität zu Ihrem Freund**
Sie ist ein Teil von Ihnen. Sie ist wichtig und normal. Fast jeder Mensch ist nervös vor einem sehr wichtigen Ereignis. Stellen Sie sich vor den Spiegel und sagen Sie: „Hallo Nervosität, ich weiß, gemeinsam schaffen wir jetzt diese Herausforderung. Ich habe mich gut vorbereitet!“ Um sich nochmals vor dem für Sie wichtigen Ereignis zu stärken, können Sie kurz vor Beginn ein paar von den Übungen auf der Toilette, in Ihrem Büro, im Auto etc. durchführen. Bei der „Auskotzübung“ empfehle ich Ihnen, schauen Sie vorher, dass keine weitere Person auf der Toilette ist …!

11 Tipps: „Selbstsicher und Souverän im Gespräch“

Hilfreiche Tipps, damit Sie in Gesprächen souverän auftreten und noch selbstsicherer werden:

- **Stimulieren Sie**
  Machen Sie dem Gegenüber Lust auf ein Gespräch mit Ihnen. Machen Sie ihn neugierig. Finden Sie einen guten Anfang für das Gespräch. Bringen Sie die Überraschung nicht gleich am Anfang. Verpacken Sie es in eine interessante Geschichte.

- **Sprechen Sie einfach**
  „Es ist ein Beweis der Bildung, die größten Dinge auf die einfachste Art zu sagen." Ralph Waldo Emmerson, der amerikanische Philosoph, hatte Recht! Je weniger Fremdwörter Sie benutzen, umso besser. Sprechen Sie in verständlichen, einfachen und klaren Sätzen. Sollten Sie Fremdwörter benutzen, erklären Sie danach die Bedeutung.
- **In der Kürze liegt die Würze**
  Was wollen Sie sagen? Bringen Sie es auf den Punkt. Langes Sprechen ermüdet und langweilt.
- „Das ist super, Wahnsinn, unglaublich, genial gut"
  NEIN – Aufhören! **Vermeiden Sie Superlative**, vermeiden Sie das Extrem!
- **Sprechen Sie konkret und klar**
  Sagen Sie klar und deutlich, was Sie möchten. Wenn es zum Beispiel Angaben für ein wichtiges Projekt sind, bitten Sie Ihr Gegenüber, zu wiederholen, was dieser verstanden hat.
- „Ich erwarte von Ihnen morgen das Ergebnis. Bis 8 Uhr **muss** es mir vorliegen."
  Niemand möchte etwas tun müssen! Worte wie „müssen", „unbedingt", „sofort", „ich erwarte", „Problem" sind **Abschrecker**. Besser ist: „Wir haben morgen um 9 Uhr Sitzung. Da ich dort unsere Ergebnisse präsentieren werde, bitte ich Sie, mir diese bis 8 Uhr vorzulegen!"
- „Äääähhhhh"
  Beliebt sind **Füllwörter** wie „äääh hh", „ähm", „eigentlich", „eventuell", „vielleicht", „gewissermaßen", „irgendwie", „quasi", „zweifellos", „im Prinzip", „an und für sich". Lassen Sie diese weg!
- „Also irgendwer sollte …"
  „… mal wieder irgendwann den anderen sagen …" Nein! Achten Sie darauf, **Verallgemeinerungen** wegzulassen. „Ich bitte Sie, Herr Dieters, Ihrem Team zu sagen, dass …" Genauso sagen Sie es!
- Vermeiden Sie **Konjunktive** wie „müsste", „hätte", „wäre", „sollte", „würde", „könnte" usw.
- „Herr Xander, wenn es Ihnen nichts ausmacht, vielleicht könnten Sie dann unter Umständen mir das Projekt morgen vorstellen."
  Weichmacher wie „versuchen", „probieren", „vielleicht", „unter Umständen" lassen Sie ab sofort weg!

- **Respekt & Wertschätzung**
  Wenn Sie von anderen respektiert und wertgeschätzt werden möchten, dann respektieren und wertschätzen Sie die anderen. Achten Sie auf die Einstellung zu Ihrem Gegenüber.

2.5 Selbstbewusst und überzeugend Gespräche führen

Sie sind mitten in einer Präsentation. Ihre Kollegin unterbricht Sie und macht Sie vor versammelter Mannschaft lächerlich: „Das wusste ich doch gleich, dass die Zahlen so nicht stimmen." Wie reagieren Sie?

Ein wichtiger Kunde ist sich unsicher, ob er den Vertrag unterschreiben soll: „Ja aber, Sie sind viel zu teuer." Kennen Sie das? In schwierigen Gesprächen selbstbewusst und überzeugend sein? Hierbei helfen folgende Techniken:

! **WICHTIG**

Bleiben Sie ruhig! Gerade in für uns schweren Situationen weichen wir dem Blick aus. Halten Sie Blickkontakt mit der „angreifenden Person".

Gerade, weil ...

Bei dieser Methode greifen Sie einen Einwand so auf: Sie beginnen mit den Worten „Gerade, weil ..." und bringen dann einen sachorientierten Gedanken ins Gespräch.

▶ **BEISPIEL**

Sie stellen in Ihrem Unternehmen eine neue Softwarelösung vor, die zukünftig von allen Mitarbeitern genutzt werden soll. Es kommt der Einwand: „Ja, aber das ist doch alles sehr aufwändig." Statt mit „Nein" oder mit „Da müssen wir durch" begegnen Sie diesem Gesprächspartner mit den Worten: „**Gerade weil** dieser Prozess sehr aufwändig ist, ist eine gute Planung und ein verantwortungsvoller Umgang mit unserem Personal sehr wichtig. Deshalb sitzen wir heute hier zusammen."

Sie senden mit dieser Methode direkt mehrere wichtige Signale in die Richtung Ihres Gesprächspartners. Sie signalisieren ihm: „Ich höre Ihnen zu, verstehe was Sie sagen und nehme es ernst." Sie holen ihn dort ab, wo er (mit seinen Sorgen) steht, und begleiten ihn ein Stück des Weges. Sehr wahrscheinlich ist er nach dieser Erfahrung eher bereit, auch ein Stück mit Ihnen zu gehen, wenn Sie selbst die Richtung vorgeben, indem Sie die Notwendigkeit der Sitzung herausstellen.

Bedingte Zustimmung

Die bedingt Zustimmung funktioniert nach einem ähnlichen Prinzip. Auch hier drücken wir eine wertschätzende Haltung aus, indem wir unserem Gesprächspartner zunächst zustimmen. Sie sagen zum Beispiel: „Da haben Sie sicher Recht"; „Das sehe ich genau so"; „Das ist ein guter Hinweis" etc. Dann relativieren Sie die Zustimmung und fügen etwas Ergänzendes hinzu, zum Beispiel: „**Damit haben Sie sicher Recht, bloß** müssen wir auch die folgenden Aspekte bedenken …" Oder „**Das sehe ich genauso, nur** können wir noch mehr erreichen, wenn wir …".

Wichtig ist hierbei, dass unser Gegenüber Anerkennung spürt, indem wir ihm (bedingt) zustimmen und seinen Beitrag nicht (wie das so oft passiert) einfach abschmettern. So fühlt er sich ernst genommen und ist sicher eher bereit, unsere Ergänzungen zu akzeptieren. Vermeiden Sie möglichst, die Relativierung mit dem Wort „aber" einzuleiten. Damit landen Sie schnell in der „Ja-aber-Sager-Ecke", womit oft negative Assoziationen verbunden sind. Es ist besser, stattdessen die Worte „bloß" oder „nur" zu verwenden.

Die Straße der Sachlichkeit

Leider haben wir es nicht immer nur mit Gesprächspartnern zu tun. Allzu oft müssen wir uns in Gesprächen und Diskussionen auch mit „Gesprächsgegnern" auseinandersetzen. Unter „Gesprächsgegner" verstehe ich Personen, denen es mit ihren Einwänden nicht um die Klärung von sachlichen Fragen geht, sondern darum, den anderen aus der Ruhe oder aus dem Konzept zu bringen. Die Botschaft zielt meist auf einer emotionalen Ebene darauf ab, das Gegenüber infrage zu stellen.

Hier ist es unbedingt ratsam, den Gesprächspartner wieder auf den Weg der Sachlichkeit zurückzubringen. Dies gelingt ganz einfach mit den folgenden beiden Fragen:

1. **Worauf beziehen Sie sich?**
2. **An was denken Sie konkret?**

BEISPIEL

Sie präsentieren. Eine Kollegin wirft ein: „An Ihrer Präsentation sehe ich wieder einmal, wie inkompetent Sie sind!" Sie fragen: „Worauf beziehen Sie sich konkret?" Entweder hat der Einwand Ihres Gegenübers tatsächlich einen sachlichen Hintergrund, dann wird er ihn jetzt kommunizieren. Sie können sich dann weiter auf der Sachebene unterhalten. Sollte Ihr Gegenüber den Einwand gebracht haben, um Sie zu provozieren, dann wird das nun für alle Beteiligten klar.

Der „Empathie-Spender"

Wenn wir anderen Menschen sympathisch sind, wenn Sender und Empfänger auf einer Wellenlänge sind, dann fällt uns die Überzeugungsarbeit sehr viel leichter. Wie kommen wir mit anderen auf eine Wellenlänge? Indem Sie ihnen Wertschätzung entgegenbringen und ihnen signalisieren, dass das, was sie sagen, ernst genommen und respektiert wird.

Es gibt eine einfache Frage, die Empathie ermöglicht und Ihrem Gesprächspartner ein positives Gefühl vermitteln kann: „Ihnen ist also wichtig, dass ..." Zum Beispiel: Ihr Gegenüber sagt: „Das ist doch reine Zeitverschwendung." Dann könnten Sie mit der Frage reagieren: „**Ihnen ist wichtig, dass** die Zeit optimal genutzt wird?" Er wird mit „Ja" antworten. Sie können nun weiter fragen, wie das zu bewerkstelligen sei, oder selbst einen Vorschlag machen. Wenn Sie das Bedürfnis von Ihrem Gegenüber nicht „erraten", wird er dieses klarstellen. Mit dieser Form der Kommunikation zeigen Sie Ihrem Gegenüber, dass Ihnen der Einwand wichtig ist. Genau das versteht man unter Einfühlung oder Empathie.

BEISPIEL

Weitere Formulierungsmöglichkeiten wären:
„Habe ich Sie richtig verstanden, Ihnen ist wichtig, dass die Zeit optimal genutzt wird?"
„Ich habe den Eindruck, dass es Ihnen wichtig ist, dass die Zeit optimal genutzt wird."
„Wie ich gehört habe, ist es Ihnen wichtig, dass die Zeit optimal genutzt wird."

Killerphrasen

Kennen Sie die Menschen, die grundsätzlich sagen: „Das geht so nicht"; „Das haben wir noch nie so gemacht"; „Das ist unmöglich". Zukünftig antworten Sie auf diese „Killerphrasen":

Das geht so nicht!

a) **Was genau** geht so nicht?
b) **Was können wir tun, damit** es geht?

Das haben wir noch nie so gemacht!

a) **Was genau** haben Sie noch nie so gemacht?
b) **Was können wir tun, damit** wir es zukünftig so machen?

Das ist unmöglich!

a) **Was genau** ist unmöglich?
b) **Was können wir tun, damit** es möglich wird?

Quelle: René Borbonus,: Respekt! Ansehen gewinnen bei Freund und Feind. Econ 2011.

2.6 Der Umgang mit für uns schwierigen Menschen oder „Friede sei mit Dir Du A …"

Eine Coaching-Klientin von mir, wir nennen sie hier Frau Peters, erzählt mir, dass sie Schwierigkeiten mit ihrem Chef hat. Sie sagt: „Er ist so arrogant und abweisend zu mir. Ich sitze bis spät abends im Büro und er haut um 17 Uhr ab. Ich bekomme nie positive Rückmeldung, wenn ich etwas gut gemacht habe. Er sagt ständig Nein zu Vorschlägen von mir!" Ich frage sie: „Was ist das Positive an Ihrem Chef?" Verwundert schaut sie mich an. „Es gibt nichts Gutes an ihm. Er ist unmöglich!" Ich frage nochmals: „Was ist das Positive an Ihrem Chef?" Diesmal lässt sie sich Zeit mit der Beantwortung der Frage. Nach einer Weile hat sie Folgendes aufgeschrieben: „Er kann sich gut abgrenzen. Er kann Nein sagen." Ich frage Frau Peters, ob es ihr schwer fällt, Nein zu sagen. Das ist der Punkt: Ihr Chef besitzt eine Fähigkeit, die Frau Peters nicht hat. Sie sagt zu allem Ja, macht oft Überstunden und ist unglücklich. Schon sind wir nicht mehr bei dem schwierigen Chef, sondern schauen uns das Thema von Frau Peters an: „Abgrenzung – Nein sagen!" Jede Begegnung mit Menschen, und sei sie noch so anstrengend, kann auch gute Seiten haben. Gerade die „schwierigen Menschen" helfen uns, unsere eigenen Themen anzuschauen.

Übung „Erforschen der für mich schwierigen Person"

Welche Person in meinem Umfeld ist für mich eine „schwierige Person"?

…………………………………………………………………………………………

Was genau macht diese Person für mich zur „schwierigen Person"?

…………………………………………………………………………………………

…………………………………………………………………………………………

Was ist das Gute an dieser Person?

…………………………………………………………………………………………

…………………………………………………………………………………………

Besitzt die Person etwas oder eine Eigenschaft, die ich gerne hätte?

…………………………………………………………………………………………

…………………………………………………………………………………………

Wie ist meine Einstellung zu dieser Person?

…………………………………………………………………………………………

…………………………………………………………………………………………

Wie trete ich auf? Was ist mein Eigenanteil? Der Teil, der mich zur „schwierigen Person" für den anderen machen kann?

....

....

....

Jeder von uns lebt auf seiner eigenen Insel. Bei manchen Inselbewohnern fällt es uns leicht, über die Brücke zu gehen, um sie zu besuchen. Bei anderen schwerer. Es kommt vor, dass wir selbst von unseren Meinungen, Gefühlen und Perspektiven so vereinnahmt sind, dass wir unser Gegenüber vergessen. Dabei hilft es, sich in die Lage des Gegenübers zu versetzen. Dadurch kommt mehr Verständnis für die andere Person auf. Oft hilft es, wenn beide Inselbewohner anfangen, gemeinsam eine Brücke zu bauen: „Lass uns gemeinsam eine Brücke bauen, auf der wir uns begegnen können." Machen Sie den Anfang!

Übung „Die Perspektive der für mich schwierigen Person einnehmen"

Nehmen Sie sich zwei Stühle und stellen Sie diese im Raum auf, wie es für Sie am besten stimmt. Vielleicht ist dies gegenüber, vielleicht ganz nah beieinander oder weit weg.

1. Sie setzen sich auf einen Stuhl und schreiben Folgendes auf:
   a) Wie ist die Situation zwischen mir und Herrn/Frau ....?
   b) Wie geht es mir damit? Wie empfinde ich dabei?

   ....

   ....

   c) Was könnte mir helfen, damit diese Beziehung besser wird? Was wünsche ich mir?

   ....

   ....
2. Setzen Sie sich dann auf den anderen Stuhl. Versuchen Sie, sich dabei vorzustellen, dass Sie die andere Person sind, und sich in die Position des/r anderen hineinzuversetzen. Gegebenenfalls hilft es, ein Foto der Person vor sich aufzustellen.
3. Jetzt stellen Sie sich die gleichen Fragen wie oben, nur aus der Perspektive der anderen Person, mit der Sie Probleme haben.
   a) Wie ist die Situation zwischen mir und Herrn/Frau ....?
   b) Wie geht es mir damit? Wie empfinde ich dabei?

   ....

   ....

   c) Was könnte mir helfen, damit diese Beziehung besser wird? Was wünsche ich mir?

   ....

   ....

   d) Zu guter Letzt stellen Sie sich die Frage: Was könnte ich, nachdem ich beide Perspektiven/Meinungen gesehen habe, tun, damit sich die Situation verbessert?

   ....

   ....

Diese Übung erfordert Einfühlungsvermögen und den Mut, ehrlich mit sich selbst zu sein. Einfacher ist es, diese Übung mit einer Person Ihres Vertrauens zu machen, die Ihnen Rückmeldung geben und Sie dabei unterstützen kann.

„Wenn gar nichts mehr hilft und die Person nun mal ein A... ist ..."

Jeder von uns hat seine eigene Weise, wie sie/er mit „schwierigen Menschen" umgeht. Ich habe mich umgehört. Einige Antworten waren:

- Ein Kollege: „Ab und an würde ich gerne ein paar Leute in einen Sack packen und nur noch draufhauen."
- Meine Schwester: „A baar an backa na links ond rechts." Ins Hochdeutsche übersetzt heißt das: Eine Ohrfeige auf die rechte und auf die linke Wange. Selbstverständlich nicht ausführen, sondern es nur mit einem Lächeln denken! ☺
- Jochen: „Lächle — Du kannst sie nicht alle töten."

Hin und wieder kommt es bei mir vor, dass ich es trotz Reflektion nicht gleich schaffe oder nicht gleich schaffen will, das Positive an der für mich „schwierigen Person" zu finden. Wenn dies der Fall ist, hilft es mir, im Gedanken der Person liebevoll zu sagen: „Friede sei mit Dir, Du A ...!" Auf diese Weise wünsche ich ihr das Allerbeste — „Friede sei mit Dir". Spätestens beim Gedanken „Du A..." muss ich lächeln. Dadurch geht es mir wieder besser! Viel Spaß beim Ausprobieren. Da es nicht nutzbringend ist, bitte nicht laut aussprechen ...!

2.7 Worte sind Fenster oder auch Mauern (M. B. Rosenberg[1])

Wir alle sind ausgestattet mit Pfeil und Bogen. Wir tragen einen unsichtbaren Köcher, in dem Giftpfeile und Bogen schussbereit sind. Wenn eine Person etwas zu uns sagt, das uns verletzt, holen wir blitzschnell den Bogen und einen Giftpfeil und schießen zurück. Manchmal schießen wir auch, obwohl nichts von Außen kam. Aus Frust, aus Lust und Laune, aus Langeweile, aus

[1] Marshall B. Rosenberg ist ein international tätiger Mediator (Vermittler). Er hat das Konzept der Gewaltfreien Kommunikation (GFK) entwickelt. Er ist überzeugt, dass die Art und Weise unseres Sprechens eine entscheidende Rolle bei unserer Fähigkeit spielt, einfühlsam zu bleiben. Er wird als Vermittler in Krisen- und Kriegsgebieten eingesetzt.

Wut … Jedoch führen diese gegenseitigen Verletzungen zu keinem Ergebnis. Sinnvoller ist es, die Dinge so anzusprechen, dass keine „Worte wie Mauern" oder Giftpfeile enthalten sind.

Machen wir die gewaltfreie Kommunikation an einem Beispiel konkret!

BEISPIEL

Frau Klein hat folgendes Problem. Sie ist Personalverantwortliche in einem Konzern. Eine ihrer Aufgaben ist es, Bewerbungsgespräche durchzuführen. Wenn sie Gespräche führt, ist ihre Bürotüre zu, wenn nicht, geöffnet. Ihr Chef Herr Dieters kommt häufig, ohne an die Tür zu klopfen, herein und unterbricht die Bewerbungsgespräche. Meist für Fragen, die etwas später auch noch beantwortet werden könnten. Frau Klein möchte, dass bei geschlossener Tür ihr Chef nicht mehr in ihr Büro kommt und sie bei den Gesprächen unterbricht. Frau Klein hat sich bisher nicht getraut, dies ihrem Chef zu sagen. Nachdem der Vorfall circa zehnmal und gefühlte dreißig Mal passiert ist, hat Frau Klein genug! Sie sieht Herrn Dieters im Flur. Sie ist wütend und möchte das Thema gleich erledigen. Zornig brüllt sie ihn an: „Herr Dieters, Sie kommen immer in mein Büro ohne anzuklopfen. Sie stören mich ständig bei meinen Bewerbungsgesprächen. Das nervt!" Die „Wort-Giftpfeile" sind verschossen!

Was läuft in diesem Beispiel schief?

„Sie kommen immer …" Vielleicht ist er von zehnmal tatsächlich neunmal ins Büro gekommen, ohne zu klopfen, doch das eine Mal hat er angeklopft. Selbstverständlich wird er sich daran erinnern.

„Sie stören mich ständig …" Vermeiden Sie Wörter wie „ständig", „immer" oder „Nie machen Sie…" – Schuldzuweisungen führen zu nichts! Es ist, als ob Sie einen schleimigen Ball auf den anderen werfen. Selbstverständlich hat das Gegenüber keine Lust diesen anzunehmen.

„Der Ton macht die Musik!" Keiner von uns möchte angebrüllt werden oder von „Wort-Giftpfeilen" verletzt werden. Sprechen Sie nicht in einer wütenden Stimmung mit der Person!

Sprechen Sie die Person rechtzeitig an, bevor Sie geladen sind und die Giftpfeile schussbereit stehen.

1. Als Erstes teilen Sie Ihre Beobachtung anhand einer konkreten Handlung mit. Wichtig ist hierbei: keine Bewertung, Beurteilung oder Interpretation. Beispiel von oben: „Gestern, Herr Dieters, sind Sie in mein Büro gekommen. Ich war gerade im Gespräch mit einem Bewerber. Sie haben mich nach den Ergebnissen vom Meeting am Montag gefragt."
2. Was löst die Situation bei Ihnen aus? Nehmen Sie Ihr Gefühl wahr und benennen Sie dieses.
   „Das irritiert mich."
   Weitere Gefühle: „Das macht mich sauer", „Das macht mich wütend", „Das ärgert mich" …
3. Nennen Sie jetzt Ihr Bedürfnis
   „Wenn ich Bewerbungsgespräche habe, schließe ich meine Bürotür. Es ist mir wichtig, dass ich in dieser Zeit nicht gestört werde und in Ruhe das Gespräch führen kann."
   Weitere Bedürfnisse: Respekt, Wertschätzung, Vertrauen, Ehrlichkeit, Verantwortung, Unterstützung, Sicherheit, Struktur, Offenheit …
4. Bitten Sie um eine konkrete und erfüllbare Handlung
   „Aus diesem Grund bitte ich Sie, wenn meine Bürotür geschlossen ist, zu einem anderen Zeitpunkt wiederzukommen."

ÜBUNG „Schwierige Situationen nach der Gewaltfreien Kommunikation ansprechen"

Machen Sie es an einem eigenen Beispiel für Sie konkret:

1. Schreiben Sie den Namen der Person auf, mit der Sie etwas klären möchten:

   ………………………………………………………………………………………………

2. Was ist es genau, was Sie stört? Wie können Sie dies anhand einer konkreten Handlung beobachten?

   ………………………………………………………………………………………………

   ………………………………………………………………………………………………

3. Was für ein Gefühl kommt bei Ihnen hoch?

   ………………………………………………………………………………………………

   ………………………………………………………………………………………………

4. Was für ein Bedürfnis steckt bei Ihnen dahinter?

   ....

   ....

5. Welche Bitte für eine konkrete und erfüllbare Handlung haben Sie?

   ....

   ....

6. Wann werden Sie mit der Person sprechen?

   ....

   ....

2.8 Zusammenfassung 2. Kapitel Selbstsicherheit

Selbstsicherheit ist für Sie wichtig, damit sich Ihre Unsicherheit wandelt in eigenverantwortliches Handeln.

Wenn Sie alle Übungen durchgeführt haben, dann sind Sie sich bewusst, welche Sicherheit in Ihnen ist und was Ihnen Sicherheit gibt. Sie werden klarer sehen, wo Sie noch mehr Sicherheit brauchen. Sie haben erfahren, wie Sie sich selbst in schwierigen Situationen stabilisieren. Sie können ihre Außenwirkung bewusst steuern. Schwierige Situationen im Umgang mit ihren Mitmenschen können Sie selbstsicherer angehen.

Wie geht es Ihnen jetzt mit Ihrer Selbstsicherheit?

Was haben Sie erkannt?

....

....

Was haben Sie erfahren?

....

....

Was haben Sie erlebt?

....

....

---

3 Selbstvertrauen

Zwei Dinge verleihen der Seele am meisten Kraft:
Vertrauen auf die Wahrheit und Vertrauen auf sich selbst.

Lucius Annaeus Seneca

In dem Wort Selbstvertrauen steckt das Wort „trauen“! Trauen Sie sich etwas zu? Haben Sie Vertrauen zu sich selbst? In Ihre Fähigkeiten? Ihre Talente? Jack Welch, der frühere Chef von General Electric, wurde gefragt: „Was ist Vertrauen?“ Er antwortete: „Vertrauen spürt man, sobald es da ist!“ Spüren Sie Vertrauen zu sich selbst? Trauen Sie sich, Ängste und Zweifel loszulassen und sich hinzugeben, hinein in das Vertrauen? Oder gehören Sie zu den Menschen, die nach der Devise „Vertrauen ist gut, Kontrolle ist besser!“ leben?

Spüren Sie Vertrauen zu anderen Menschen? Zu Ihrer Familie, Freunden, Vorgesetzten, Kollegen ...? Haben Sie schon einmal erlebt, dass Ihnen jemand volles Vertrauen geschenkt hat? „Er hat an mich geglaubt“; „Sie hatte soviel Vertrauen in mich und meine Talente. Somit habe ich mich getraut, mich zu zeigen“; „Er hat mehr in mir gesehen als ich. Ich bin ihm dankbar, dass er mir vertraut hat“ – so oder so ähnlich kommen Antworten von Menschen, die dieses erlebt haben.

Wenn andere uns vertrauen, trauen wir uns mehr, uns zu zeigen. Wenn Sie sich selbst vertrauen, haben Sie den Mut, selbstbewusst und erfolgreich Ihren eigenen Weg zu gehen!

Diese Übung dient zur Bestandsaufnahme Ihres Selbstvertrauens. Es zeigt, wo Sie gerade stehen und wohin Sie gerne möchten in Bezug auf Ihr Vertrauen zu sich selbst.

Übung „Bestandsaufnahme"

Auf einer Skala von 1–10: Wo liegen Sie, wenn es darum geht, sich selbst zu vertrauen?

1 = Ich vertraue mir überhaupt nicht   10 = Ich vertraue mir voll und ganz

Inwieweit vertraue ich mir und meinen Fähigkeiten?

1	2	3	4	5	6	7	8	9	10

Bin ich ein vertrauenswürdiger Mensch?

....

Halte ich Abmachungen mit mir selbst ein?

....

Wenn nein, was hindert mich daran?

....

Angenommen, ich würde mir selbst voll und ganz vertrauen, was wäre das Allerbeste, was mir passieren kann?

....

Was noch?

....

Was noch?

....

Was noch?

....

Übung „Das habe ich bereits geschafft"

Sie haben viele Talente und Fähigkeiten. Sie haben bereits viele Situationen in Ihrem Leben gemeistert. Doch vielleicht erinnern Sie sich nicht daran. Machen Sie sich bewusst, was Sie bereits alles erreicht haben.
Erstellen Sie jetzt eine Liste mit mindestens 30 Situationen aus Ihrem Leben, wo Sie über sich hinausgewachsen sind. Wo Sie erfolgreich waren. Wo Sie eine Situation gut gemeistert haben. Wo Sie sich etwas getraut haben. Wichtig sind hier vor allem auch die für Sie anscheinend kleinen Dinge.

Vielleicht haben Sie neulich das erste Mal in Ihrem Leben Ihrem Chef „Nein“ gesagt. Sie haben ein paar Monate einen kranken Menschen liebevoll gepflegt. Sie haben eine Verhandlung erfolgreich abgeschlossen. Sie sind alleine in ein Café gegangen, obwohl Sie sich das normalerweise nie getraut haben. Vielleicht waren Sie ein paar Monate krank und haben mit viel Geduld diese Zeit überstanden. Sie machen seit vier Wochen regelmäßig Sport. Sie haben vor Jahren die erste Präsentation gehalten, obwohl Sie so nervös waren. Sie haben einen Mann auf der Straße angesprochen. Sie haben ein Projekt abgeschlossen. Sie haben sich getraut, dem Kellner zu sagen, dass Ihr Essen kalt ist.
Schreiben Sie jetzt mindestens 30 für Sie große und kleine Erfolge auf. all die großen und kleinen Erfolge jetzt auf. Lassen Sie sich Zeit.
Lesen Sie sich diese selbst laut vor. Vielleicht haben Sie einen Menschen in Ihrem Umfeld, dem Sie vertrauen. Dieser soll Ihnen die Liste langsam vorlesen. Genießen Sie dabei jeden Augenblick. Legen Sie die Liste in Ihre Schatzkiste!

....

....

....

....

....

....

....

....

....

....

....

....

....

....

....

....

....

....

....

....

....

....

....

....

....

....

....

....

....

....

Wann haben Sie das letzte Mal eine für sich schwere Situation gemeistert?

Erinnern Sie sich an die „Becker-Faust"? Boris Becker hat nach jedem Sieg seine Faust geballt und die Becker-Siegespose, die „Becker-Faust" gemacht. Jedes Mal, wenn er das getan hat, hat er seinem Körper signalisiert, dass etwas Gutes passiert ist. Er hat sich selbst motiviert, sich daran erinnert, dass er bereits andere Situationen erfolgreich gemeistert hat. Genau das können Sie auch!

Übung „Selbstvertrauen bewusst im Körper wecken"

Wann haben Sie schon einmal eine schwere Situation beruflich oder privat gemeistert?

....

....

....

Wie erging es Ihnen dabei? Erinnern Sie sich, wie haben Sie sich damals gefühlt? Wie sah die Situation aus? Was haben Sie gerochen? Haben Sie etwas gehört? Können Sie sich an einen Geschmack erinnern?

....

....

....

Wenn Sie Ihr eigenes Bild haben für die Situation, in der Sie für sich richtig erfolgreich waren, dann prägen Sie sich jetzt dieses Bild ein, indem Sie eine Körperbewegung dazu machen. Sie kann klein ausfallen oder groß, je nachdem, was für Sie passt. Damit „ankern" Sie Ihre Erfolgssituation nicht nur im Geiste, sondern auch in Ihrem Körper.

....

....

....

Denken Sie an die aktuelle schwere Situation. Wie soll diese ausgehen? Stellen Sie es sich genau vor. Was sehen Sie? Was hören Sie? Wie werden die Leute in Ihrem Umfeld reagieren?

....

....

....

Jetzt denken Sie wieder an die für Sie erfolgreich gemeisterte Situation. Machen Sie dabei den von Ihnen gesetzten körperlichen Ankerpunkt, Ihre eigene „Becker-Faust". Nehmen Sie jetzt das Gefühl der bereits gut verlaufenen Situation mit in die für Sie noch zu meisternde Situation. Nehmen Sie die Kraft und den Erfolg mit! Wie fühlt es sich gerade für Sie an? Welchen Schritt werden Sie jetzt konkret als ersten gehen?

....

....

....

Erfolgreich absolvierte Situationen und Herausforderungen sind eine Motivation zur Bewältigung weiterer Lebenshürden. Nehmen Sie Ihre bisherigen Erfolgserlebnisse als Fundament für das Bewusstsein, dass das Vertrauen in Ihr Selbst neu gesteckte Ziele erreichbar werden lässt.

Übung „Vom Traum – zum Wunsch – zur Realität"

Schreiben Sie eine Liste mit all Ihren Träumen und Wünsche, die Sie sich bereits erfüllt haben. Vielleicht haben Sie immer davon geträumt, eines Tages nach Kanada zu reisen und letztes Jahr war es dann soweit. Vielleicht wollten Sie schon immer eine Prüfung bestehen und haben es jetzt geschafft. Oder Sie wollten unbedingt eine schöne Wohnung, in der Sie sich wohlfühlen und sind vor ein paar Tagen eingezogen. Sie haben als 20-Jähriger davon geträumt, einmal ein schönes Auto zu besitzen und fahren es jetzt. Sie wollten eine/n Frau/Mann erobern und haben es nach wochenlangem Werben geschafft. Sie haben sich vom ersten ersparten Geld ein schönes Kleid, eine tolle Uhr gekauft. Je mehr Beispiele Sie finden, dass Sie Ihre Träume und Wünsche in die Realität umgesetzt haben, umso mehr Selbstvertrauen haben Sie, wenn es darum geht, Ihre Träume von heute zur Realität von morgen zu machen.
Lesen Sie sich diese selbst laut vor. Vielleicht haben Sie einen Menschen in Ihrem Umfeld, dem Sie vertrauen. Dieser soll Ihnen die Liste langsam

vorlesen. Genießen Sie dabei jeden Augenblick. Werden Sie sich bewusst, was Sie schon alles erreicht haben. Nehmen Sie es mit jeder Faser Ihres Körpers auf. Spüren Sie es! Legen Sie die Liste in Ihre Schatzkiste!

....

....

....

....

....

....

....

....

....

....

....

....

....

....

3.1 Die Geister, die ich rief

Vielleicht haben Sie schon einmal von den selbsterfüllenden Prophezeiungen gehört. Oft geschehen diese Vorhersagen unbewusst. Sie sind von etwas überzeugt, deshalb verhalten Sie sich so, dass es sich erfüllen wird. Der Psychologe Robert Rosenthal hat 1965 an einer amerikanischen Grundschule ein Experiment durchgeführt. Mit einem Scheintest überzeugte er das Kollegium davon, dass einige ihrer Schüler hochintelligente Kinder seien. Diese sollten unbedingt gefördert werden. Dass es normal intelligente Kinder waren, wussten die Lehrer nicht. Am Ende des Schuljahres hatten tatsächlich die meisten der Schüler im Vergleich zum Anfang des Schuljahres ihren Intelligenzquotienten um 20 oder mehr Punkte steigern können. Die Lehrer waren davon ausgegangen, dass sie es mit hochbegabten Kindern zu tun gehabt hatten. Sie hatten ihren Unterricht anders gestaltet als zuvor. Die Kinder anders behandelt.

Gehören Sie zu den Menschen, die Horoskope lesen? „Du wirst in dieser Woche eine Frau kennenlernen, die Dein Leben verändern wird" — wenn Sie das lesen und daran glauben, kann es gut sein, dass sich Ihr Verhalten ändert. Vielleicht gehen Sie in der Woche abends öfters aus als sonst. Aufgrund dessen erhöht sich die Chance, Frauen kennenzulernen. Vielleicht sind Sie mutiger und denken: „Das könnte die Frau sein!" Also sprechen Sie diese an.

Oder Sie denken: „Oh Gott, um mich herum sind alle krank. Ich werde bestimmt auch bald krank sein." Prompt werden Sie krank. Sie gehen zu Ihrem Arzt. Dieser erzählt Ihnen von einem neuen, hochwirksamen Medikament, das innerhalb kürzester Zeit hilft. Sie sind begeistert und merken am selben Abend noch eine Besserung. Doch vielleicht war es nur ein Placebo, eine Tablette ohne Wirkstoffe. Allein durch den Glauben, dass das Medikament Ihnen jetzt hilft, geht es Ihnen schon wieder besser.

Überlegen Sie sich gut, was Sie sich wünschen, es könnte in Erfüllung gehen!

„Welche Geister" wollen Sie zukünftig rufen? Die, die Sie unterstützen, oder die, welche Sie negativ beeinflussen? Im oben genannten Beispiel von Robert Rosenthal glaubten die Lehrer, sie hätten es mit Hochbegabten zu tun gehabt. Der Glaube versetzt bekanntlich Berge. An was glauben Sie? Was für Glaubenssätze haben Sie? Ein Glaubenssatz ist der sprachliche Ausdruck für etwas, an das jemand glaubt und was er für wahr hält. Wir alle sind geprägt von unserer Kultur, der Gesellschaft, der Familie, in der wir aufgewachsen sind. Der amerikanische Soziologe William Isaac Thomas vertrat als einer der Ersten, dass die Wirklichkeit in ihrer Konsequenz so ist, wie die Menschen sie wahrnehmen und definieren.

Übung „Was ich über mich und meine Welt glaube"

Werden Sie sich weiter Ihrer selbst bewusst und forschen Sie. Beantworten Sie die Fragen. Lassen Sie sich Zeit dabei und prüfen Sie immer wieder Ihre Glaubenssätze.

Wann haben Sie es schon einmal erlebt, dass Sie Dinge geglaubt haben, die dann tatsächlich eingetroffen sind (siehe Beispiel oben „Horoskop" oder „Krankheit")?

....

....

....

Glaubenssätze, die ich in meinem Leben – sei es durch meine Kultur, meine Eltern, mein Umfeld – mitbekommen habe, sind:
Beispiel: „Vertrauen ist gut, Kontrolle ist besser"; „Frauen sind nicht vertrauenswürdig"; „Trau niemals einem Mann"; „Tieren kann man vertrauen, Menschen nicht"; ...

....

....

....

Welche Glaubenssätze beeinflussen mein Leben negativ?

....

....

....

Welche Glaubenssätze beeinflussen mein Leben positiv?

....

....

....

Formulieren Sie die für Sie negativen Glaubenssätze in positive um:

....

....

....

Suchen Sie jetzt einen positiven Glaubenssatz heraus und schreiben diesen auf. Sagen Sie ihn sich drei Monate lang jeden Morgen und Abend laut zu sich selbst, gerne auch vor dem Spiegel. Zum Beispiel: „Ich vertraue mir voll und ganz." Schauen Sie, ob sich etwas bei Ihnen verändert. Beobachten Sie, wie es Ihnen dabei geht.

....

....

....

3.2 Ich vertraue mir und Dir

Vertrauen zu anderen Menschen aufzubauen ist erst möglich, wenn Sie sich selbst vertrauen! Das ist die Grundlage. Ohne dies wird es Ihnen nicht möglich sein, anderen Menschen zu vertrauen, sich dem Leben anzuvertrauen. Ein Mensch, der sich selbst vertraut, ist ein freier Mensch. Frei, den eigenen

Weg zu gehen, unabhängig von der Meinung der anderen. Um vertrauen zu können, ist Sicherheit notwendig. Das Gefühl, gehalten worden zu sein, aufgefangen. Wurzeln zu spüren, einen angenehm festen Halt gehabt zu haben!

Übung „Vertrauen in der Kindheit"

Stellen Sie sich folgende Fragen:
Inwieweit habe ich in meiner Kindheit von meinen Eltern, von meinem Umfeld Halt und Sicherheit gespürt?

....

....

....

Gab es Zeiten, wo ich den Halt als unangemessen, als zu viel empfunden habe oder eher als zu wenig?

....

....

....

Wie hätte für mich – aus der heutigen Sicht als erwachsener Mensch – der optimale Halt, die optimale Sicherheit ausgesehen, den/die ich als Kind bekommen hätte?

....

....

....

Was kann ich mir heute davon als erwachsener Mensch selbst geben?

....

....

....

Wie steht es mit Ihrem Vertrauen in Ihre Familie, Freunde, Kollegen ...? In dieser Übung können Sie herausfinden, inwieweit Sie Ihrem Umfeld offen und vorbehaltlos gegenüber treten.

Übung „Vertraute Hände" – Partnerübung

Treffen Sie sich mit einer Person Ihres Vertrauens. Einer Person, der Sie sich nah und verbunden fühlen. Machen Sie es sich gemütlich. Legen Sie schöne Musik auf. Zuerst liegt eine Person (A) gerade mit dem Rücken auf dem Boden. Die andere Person (B) sitzt am Kopfende. Circa 15 Minuten, oder so lange wie Sie möchten, hält jetzt Person B den Kopf von

Person A. Nicht anheben, sondern so halten, dass es für beide eine Weile bequem ist. Wenn Sie Person A sind, spüren Sie, wie es Ihnen geht? Können Sie entspannen? Können Sie loslassen? Sich Person B hingeben und vertrauen? Wenn nein, prüfen Sie, weshalb nicht. Wenn ja, genießen Sie es. Lassen Sie los und entspannen Sie. Spüren Sie den Halt, den Sie bekommen. Danach wechseln Sie!

Beantworten Sie folgende Fragen:

Wie erging es mir bei der Übung?

Als Person A: War es für mich leicht, mich fallen zu lassen? Konnte ich den Halt spüren?

....

....

....

Wie erging es mir als Person B, als Gebende? War es für mich leicht oder anstrengend?

....

....

....

BEISPIEL: Der alte Mann und das offene Herz – Verfasser unbekannt

Eines Tages stand ein junger Mann mitten in der Stadt und erklärte, dass er das schönste Herz im ganzen Tal habe. Eine große Menschenmenge versammelte sich und sie alle bewunderten sein Herz, denn es war perfekt. Es gab keinen Fleck oder Fehler an ihm. Ja, sie alle gaben ihm Recht, es war wirklich das schönste Herz, das sie je gesehen hatten. Der junge Mann war sehr stolz und prahlte noch lauter über sein schönes Herz. Plötzlich tauchte ein alter Mann vor der Menge auf und sagte: „Nun, Dein Herz ist nicht einmal annähernd so schön wie meines." Die Menschenmenge und der junge Mann schauten das Herz des alten Mannes an. Es schlug kräftig, aber es war voller Narben, es hatte Stellen, wo Stücke entfernt und durch andere ersetzt worden waren. Aber sie passten nicht richtig, und es gab einige ausgefranste Ecken, genauer gesagt, an einigen Stellen waren tiefe Furchen, wo ganze Teile fehlten. Die Leute starrten ihn an. Wie kann er behaupten, sein Herz sei schöner, dachten sie. Der junge Mann schaute auf des alten Mannes Herz, sah dessen Zustand und lachte: „Du musst scherzen", sagte er, „dein Herz mit meinem zu vergleichen. Meines ist perfekt und Deines ist ein Durcheinander aus Narben und Tränen." „Ja", sagte der alte Mann, „Deines sieht perfekt aus, aber ich würde niemals mit Dir tauschen. Jede Narbe steht für einen Menschen, dem ich meine Liebe gegeben habe. Ich reiße ein Stück meines Herzens heraus und reiche es ihnen, und oft geben sie mir ein Stück ihres Herzens, das in die leere Stelle meines Herzens passt, zurück. Aber weil die Stücke nicht genau sind, habe ich einige raue Kanten, die ich sehr schätze, denn sie erinnern mich an die Liebe, die wir teilten. Manchmal habe ich auch ein Stück meines Herzens gegeben, ohne dass mir der andere ein Stück seines Herzens zurückgegeben hat. Das sind die leeren Furchen. Liebe geben heißt manchmal auch, ein Risiko einzugehen. Auch wenn diese Furchen schmerzhaft sind, bleiben sie offen und auch sie erinnern mich an die Liebe, die ich für diese Menschen empfinde und ich hoffe, dass sie eines Tages zurückkehren und den Platz ausfüllen werden. Erkennst du jetzt, was wahre Schönheit ist?" Der junge Mann stand still da und Tränen rannen über seine Wangen. Er ging auf den alten Mann zu, griff nach seinem perfekten jungen und schönen Herzen und riss ein Stück heraus. Er bot es dem alten Mann mit zitternden Händen an. Der alte Mann nahm das Angebot an, setzte es in sein Herz. Er nahm dann ein Stück seines alten vernarbten Herzens und füllte damit die Wunde in des jungen Mannes Herzen. Es passte nicht perfekt, da es ausgefranste Ränder hatte. Der junge Mann sah sein Herz an, nicht mehr perfekt, aber schöner als je zuvor, denn er spürte die Liebe des alten Mannes in sein Herz fließen. Sie umarmten sich und gingen weg, Seite an Seite.

Es kann sein, dass, wenn Sie sich trauen, sich für andere Menschen zu öffnen, jemand dies missbraucht. „Ein Stück Ihres Herzens nimmt" und Sie verletzt. Doch es werden andere Menschen kommen, die Ihnen vertrauen, sich öffnen und Ihnen viel zurückgeben.

Übung „Mein Leben voller Vertrauen in mich Selbst"

Stellen Sie sich vor, heute Nacht ist ein Wunder geschehen. Sie vertrauen sich ab sofort voll und ganz. Sie trauen sich Dinge zu, die Sie vorher nicht für möglich gehalten hätten. Was wäre anders?

....

....

....

Woran würden Sie erkennen, dass eine Veränderung stattgefunden hat?

....

....

....

Stellen Sie sich vor, heute Nacht ist ein Wunder geschehen. Sie vertrauen anderen Personen ab sofort voll und ganz. Sie trauen diesen Menschen Dinge zu, die Sie vorher nicht für möglich gehalten hätten. Was wäre anders?

....

....

....

Woran würden Sie erkennen, dass eine Veränderung stattgefunden hat?

....

....

....

Was ist davon bereits da? Was brauchen Sie noch?

....

....

....

3.3 Die Hoffnung und das Pflanzen des Apfelbäumchens

Wenn Du denkst, es geht nicht mehr,
kommt von irgendwo ein Lichtlein her.

oft verwendet von Mamuschka Adelheid Auch-Schwelk

Die Hoffnung stirbt bekanntlich zuletzt! „Wenn ich wüsste, dass morgen die Welt unterginge, würde ich heute noch ein Apfelbäumchen pflanzen", soll Martin Luther gesagt haben. Die Hoffnung gibt uns Kraft. Sie hilft uns vor allem in schweren Situationen. Martin Luther King beschrieb in „I Have A Dream" die Hoffnung, dass die Freiheit und Gleichheit speziell für die afroamerikanische Bevölkerung eintritt. Im Konzentrationslager schrieb Dietrich Bonhoeffer: „Von guten Mächten wunderbar geborgen, erwarten wir getrost, was kommen mag. Gott ist mit uns am Abend und am Morgen und ganz gewiss an jedem neuen Tag." Die Hoffnung gab ihm Kraft. Wissenschaftliche Untersuchungen haben ergeben, dass Menschen, die an etwas glauben (nicht nur im religiösen Sinne), schneller gesund werden. Die Hoffnung mobilisiert die Selbstheilungskräfte.

Bei meinem Vater wurde Leukämie diagnostiziert. Obwohl wir wussten, dass es schlimm um ihn stand, hatten wir alle Hoffnung. Ich werde nie den Tag vergessen, als mein Vater morgens ins Krankenhaus ging. Für seinen Zustand war er recht stabil und es ging ihm relativ gut. Es waren Welten zwischen dem Mann, der aus dem Haus ging und dem, der heimkam. Im Krankenhaus wurde ihm gesagt, es gibt keine Hoffnung mehr. Er sackte in sich zusammen und eine Woche später war er tot. Ob es Sinn macht. einem (Tod)Kranken die Wahrheit zu sagen oder nicht, ist ein anderes Thema. Doch für mich war deutlich zu sehen, wie schnell eine Veränderung passiert, wenn die Hoffnung geht! Die Hoffnung, das heißt positive Einstellungen und positive Gefühle, führen unter anderem auch zu einer Stärkung des Immunsystems.

Der Glaube und die Hoffnung sind tragende Säulen. Sie geben Energie, zu handeln und kreativ zu sein.

Übung „Pflanzen des eigenen Apfelbäumchens“

Was schenkt mir in meinem Leben Hoffnung?

....

....

....

Was würden Sie einem lieben Menschen sagen, der keinen Hoffnungsschimmer sieht und Hoffnung braucht?

....

....

....

3.4 „Mein Bauch spricht“ – Der innere Ratgeber

Ziel eines sinnvollen Lebens ist,
den Ruf der inneren Stimme zu hören
und ihm zu folgen.
Der Weg wäre also, sich selbst erkennen,
aber nicht über sich richten
und sich ändern wollen,
sondern das Leben möglichst der Gestalt anzunähern,
die als Ahnung in uns vorgezeichnet ist.

Hermann Hesse

Stellen Sie sich vor, Sie sprechen mit einer Person. Leider kommen Sie nicht zu Wort, da diese Person unaufhörlich redet. Sie versuchen es immer wieder, doch Sie haben keine Chance. Wie geht es Ihnen? Werden Sie genervt, frustriert, wütend oder ziehen sich zurück? Genauso könnte es Ihrer inneren Stimme, Ihrem inneren Ratgeber gehen. Immer wieder sendet diese/r Signale, möchte etwas mitteilen, doch Sie hören nicht hin. Unentwegt machen Sie weiter wie bisher. Sie sind am Arbeiten, ständig beschäftigt, nur unterwegs, hier ein Meeting, da ein Treffen, dort die Präsentation, zum Sport, die Familie, der Fernseher ... Wenn Sie unentwegt beschäftigt sind, wie soll Ihr innerer Ratgeber, Ihr Bauchgefühl zu Wort kommen?

Wissenschaftler wie Professor Dr. Gerd Gigerenzer sprechen von der Intelligenz des Unbewussten und der Macht der Intuition. Haben wir ein Gehirn im Kopf und eines im Bauch? Neurowissenschaftler sprechen von einem „zweiten Gehirn". Anscheinend das Abbild des Kopfhirns – Zelltypen, Wirkstoffe und Rezeptoren sind exakt gleich. Wenn dem so ist, dann wäre es eine Verschwendung, nur eines davon bewusst zu nutzen!

TIPP

Hören Sie auf Ihren Bauch? Auf Ihren inneren Ratgeber? Wenn ja – weiter so! Wenn nein – weshalb nicht? Kann es sein, dass Sie Ihre Bauchstimme nicht hören? Vielleicht hat sich Ihr innerer Ratgeber zurückgezogen, da Sie ihn nicht zu Wort kommen lassen haben? Keine Sorge, die Tür dorthin mag etwas verrostet sein, doch sie lässt sich ölen!

Werden Sie ab und an ruhiger. Werden Sie ab und an stiller. Machen Sie eine Pause. Legen Sie Ihre Hände auf Ihren Bauch. Was fühlen Sie? Hören Sie etwas? Seien Sie geduldig und laden Sie Ihren inneren Ratgeber ein, indem Sie ihm Beachtung und Zeit schenken. Die Antworten können in den unterschiedlichsten Arten ausfallen. Vielleicht spüren Sie nach wochenlangem Hadern ganz klar, welchen Weg Sie gehen möchten. Oder Sie träumen von etwas, das Ihnen hilft. Vielleicht begegnet Ihnen plötzlich ein Mensch, der Sie unterstützt. Oder Sie bekommen klare Körpersymptome. Seien Sie aufmerksam für alles, was Sie fühlen, wem Sie begegnen und was passiert! Je mehr Sie wieder auf Ihr Bauchgefühl hören, desto mehr hat Ihr innerer Ratgeber Lust, sich Ihnen zu zeigen, Sie zu unterstützen. Wenn Sie, wie Neurowissenschaftler sagen, ein „zweites Gehirn“ haben, nutzen Sie beide!

Übung „Der innere weise Ratgeber“

Angenommen, Sie stehen vor einer für Sie schweren Entscheidung. Nehmen Sie sich Zeit und setzen Sie sich hin. Wenn Sie möchten, schließen Sie die Augen. Das hilft, sich zu konzentrieren und nicht von äußeren Dingen ablenken zu lassen. Stellen Sie sich selbst in vielen Jahren vor. Sie sind bereits alt. Sie haben viel erlebt. Sie haben viel Erfahrung gesammelt. Laden Sie diesen „alten, weisen Teil“ von Ihnen ein, sich mit Ihnen zu unterhalten. Fragen Sie um Rat, bitten Sie um Hilfe und Unterstützung! Stellen Sie Ihrem zukünftigen weisen Ratgeber Fragen. Wie sollen Sie auf die Situation reagieren, was sollen Sie tun, wie sollen Sie handeln? Lassen Sie sich Zeit. Vertrauen Sie darauf, dass genau die für Sie richtigen Antworten kommen. Erlauben Sie sich, dass dies jetzt passieren darf. Ihr weiser Ratgeber ist sehr kreativ. Es kann sein, dass Sie ihn hören. Es kann sein, dass Bilder kommen. Es kann sein, dass plötzlich ein Mensch anruft und weiterhilft. Oder Sie sehen ein bestimmtes Buch im Laden. Sie hören eine Musik und plötzlich kommt die Antwort. Seien Sie aufmerksam und haben Sie keine Erwartungen, WIE genau die Antwort zu kommen hat.

Vertrauen Sie Ihrer inneren Stimme, Ihrem inneren weisen Ratgeber – Ihrem Selbst!

3.5 Die Gabe der Hingabe

Gier nach einem Ergebnis verhindert das Erblühen der Selbsterkenntnis.
Die Suche an sich ist Hingabe, sie selbst ist die Inspiration.

Krishnamurti

Sich etwas oder jemandem ganz hinzugeben ist nur mit Vertrauen möglich. Haben Sie dies schon erlebt? Sei es einer Vision, einer Sache, einer Idee, einem Wunsch, dem Augenblick oder einem Menschen? Mir erging es so, dass ich bereits als Teenager gerne die Welt bereisen wollte. Allerdings nie alleine, da meine Mutter zu viel Angst um mich hatte und ich diese angenommen habe. Somit habe ich mit 14 Jahren das Geld von der Konfirmation nicht wie die meisten in einer Stereoanlage angelegt, sondern bin mit meiner Cousine nach Amerika gereist. Später folgten noch viele, weitere Reisen. Der Wunsch, für einige Monate zu reisen, war schon lange da. Doch die Angst siegte. Irgendwann war die Stimme in mir größer und ich gab mich ihr hin. Sie half mir, die Angst kleiner werden zu lassen. Ich packte meinen Rucksack und bin viele Monate alleine durch Mexiko, Guatemala, Indien und Thailand gereist. Das Alte loslassen, die Kontrolle loslassen, nicht wissen, was kommt und was morgen, was gleich passieren wird. Sich dem hingeben, was kommen mag und was bereits da ist. Für mich als Frau, deren Kontrollanteil gerne beim Boot am Steuer steht, eine Herausforderung! Heute, viele Jahre später, bin ich dankbar, dass ich mich meiner Stimme hingegeben habe und ihr gefolgt bin. Dankbar für all die Erfahrungen, die ich in dieser Zeit gemacht habe. Eine davon war in Mexiko vor einer Kirche. Vor mir krochen einige Menschen auf Knien dem Eingang der Kirche zu. Mir kamen Gedanken wie: „Was soll das denn? Da tut doch weh. Aua, die armen Knie!“ Ich beobachtete die Leute eine Weile. Irgendwann bemerkte ich, dass mir Tränen über die Wangen liefen. Ich sah in Gesichter voller Hingabe, Demut und Liebe. Die Leute, die ich dort sah, mussten das nicht machen, sie wollten es machen. Sie haben sich ihrem Glauben ganz hingegeben. Heraklit sagte: „Panta rhei — Alles fließt.“ Lassen Sie es fließen. Schwimmen Sie mit dem Lebensfluß und nicht dagegen. Geben Sie sich dem Leben hin!

> *Zuerst wächst der Glaube, dann entsteht das Vertrauen. Der Glaube ist der Samen, Vertrauen der Keim und totale Hingabe die Frucht.*
>
> *Verfasser unbekannt*

Übung „Hingabe“

> *Deine Lust Dich hinzugeben, ist ein Segen für mein Leben*
> *und öffnet mich auf eine Art und Weise, die mir neu ist!*
>
> *David Deida*

1. Wann habe ich mich das letzte Mal hingegeben? Sei es einer Vision, einer Sache, einer Idee, einem Wunsch oder dem Augenblick?

   ....

   ....

   ....

2. Wann habe ich mich das letzte Mal einer Person hingegeben?
   ....
   ....
   ....
3. Wie erging es mir dabei? Wie fühle ich mich, wenn ich mich hingebe?
   ....
   ....
   ....
4. In welchem Bereich meines Lebens möchte ich mich hingeben? Was brauche ich dafür, um es zu tun?
   ....
   ....
   ....

Das Leben ist ein Karussell. Entweder Sie springen auf und fahren mit oder Sie sehen zu! Vertrauen Sie sich. Springen Sie auf. Es lohnt sich!

3.6 Die 13 Regeln des Vertrauens von Stephen M. R. Covey

Ein Seminarteilnehmer, nennen wir ihn Herr Schmind, erzählte mir, dass vor einigen Monaten bei seinem Arbeitgeber aufgrund der schlechten Wirtschaftslage Seminare für alle Angestellten gestrichen wurden. Auch wenn er der Meinung war, dass gerade dann Weiterbildung wichtig ist, hatte er die Information an seine Mitarbeiter/-innen weitergeleitet. Im Laufe der nächsten Wochen bekam er mit, dass die Regel nicht für alle galt. Zwei seiner Kollegen erzählten ihm, dass sie Weiterbildungen bezahlt bekommen würden. Als Herr Schmind das hörte, bat er seinen Chef, auch für ihn die Kosten für eine Weiterbildung zu übernehmen. Dieser sagte daraufhin: „Wir müssen alle den Gürtel enger schnallen. Nur wenn wir am gleichen Strang ziehen, können wir weiterhin erfolgreich bleiben. Ausnahmen können wir nicht genehmigen." Herr Schmind sagte zu mir: „Seit diesem Augenblick habe ich kein Vertrauen mehr zu meinem Chef. Er hat mich angelogen. Anstatt mir die Wahrheit zu sagen, dass es in meinem Fall nicht geht, erzählt er mir etwas von ‚Ausnahmen können wir nicht machen'." Vielleicht fand der Chef diese Notlüge den einfacheren Weg, um sich auf keine Diskussionen einlassen zu müssen. Vielleicht war er sich nicht bewusst, dass die Kollegen untereinander reden. Egal, was es war, das Vertrauensverhältnis ist gestört.

Stephen M. R. Covey schreibt in seinem Buch „Schnelligkeit durch Vertrauen" von der unterschätzten ökonomischen Macht Vertrauen als eines der wichtigsten Ressourcen. Hier sind seine 13 Regeln des Vertrauens. Ich lade Sie ein, die Fragen für sich zu beantworten:

1. Ehrlich sein

Das Gegenteil von ehrlich sein ist Lügen und Täuschen. Kennen Sie das Sprichwort: „Wer einmal lügt, dem glaubt man nicht, auch wenn er dann die Wahrheit spricht!"? Im Fall von Herr Schmind wird es bestimmt wieder einige Zeit brauchen, bis er Vertrauen zu seinem Chef findet. Ehrlich sein ist gelebte Wahrheit! Ehrlichkeit schenkt Vertrauen!

Bin ich ehrlich? Wenn nein, was hält mich davon ab?

....

....

Wie oft benutze ich „kleine Notlügen", sei es beruflich oder privat?

....

....

---

2. Respekt zeigen

Ich bin in der Internet-Businessplattform XING. Aus meiner Sicht eine tolle Möglichkeit, um Geschäfte zu machen, mit Menschen in Kontakt zu kommen und zu bleiben. Sie haben dort die Möglichkeit, anderen Personen Nachrichten zu schicken. Ab und an erlebe ich es, dass mich fremde Menschen ansprechen mit: „Hallo Annette, spannend was Du machst, ich hätte gerne ein Coaching von Dir!" Es erstaunt mich immer wieder, wie Menschen, die mich nicht kennen, mich auf einer Businessplattform sofort beim Vornamen ansprechen. Ich empfinde dies als ein Zeichen von Respektlosigkeit. Wenn mich jemand fragt, ob er/sie mich duzen kann und es passt, dann gerne. Doch einfach so ... Nein! Respekt zeigt sich für mich bereits in diesen kleinen Dingen. Dazu gehört auch den anderen ausreden zu lassen. „Danke" und „Bitte" zu sagen. Wenn mir jemand Guten Tag wünscht, dies zu erwidern. Egal wer vor mir steht, sei es die Putzfrau, der Sachbearbeiter, die Chefin oder der Vorstandsvorsitzende, es sind alles Menschen und haben somit Respekt verdient. Respekt schafft Vertrauen!

Was bedeutet respektvoller Umgang für mich?

....

....

....

Wie möchte ich von anderen Menschen respektvoll behandelt werden? Behandle ich andere Menschen respektvoll? Mache ich Unterschiede bei den Menschen?

....

....

....

---

3. Transparenz schaffen

Hier geht es darum, offen und authentisch zu sein. Die Wahrheit so zu sagen, dass die Leute es nachvollziehen und überprüfen können. Natürlich gibt es auch hier Grenzen. Wie sagt mein Kollege so gerne: „Wer allzu offen ist, kann auch nicht ganz dicht sein." Selbstverständlich gibt es vertrauliche Angelegenheiten, deren Offenlegung unangemessen ist.

Halte ich Informationen bei der Arbeit oder in der Familie zurück, die ich eigentlich weiterleiten sollte?

....

....

....

Sage ich die Wahrheit so, dass sie für andere klar und nachvollziehbar ist?

....

....

....

---

4. Fehler wiedergutmachen

Jeder von uns macht Fehler. Es gibt niemanden, der unfehlbar ist. Doch wie wir damit umgehen, ist wichtig. Sind Sie jemand, der den Mut hat, aufzustehen und Fehler zuzugeben. Oder vertuschen Sie lieber? Fangen Sie an sich zu rechtfertigen? Schieben Sie die Fehler auf andere? Ignorieren Sie Ihre Fehler?

Wenn ich einen Fehler mache, wie reagiere ich?

....

....

....

Entschuldige ich mich bei anderen, wenn ich ihnen Unrecht getan habe?

....

....

....

---

5. Loyal sein

Auch wenn ich bereits viele Jahre nicht mehr bei meinem alten Arbeitgeber bin, fühle ich mich immer noch der Firma verbunden. Ich bin sehr dankbar über das, was ich dort erleben durfte. Ich anerkenne, was ich dort alles gelernt habe. Man kann auf viele Arten loyal – verbunden sein. Vor einiger Zeit habe ich in einem Restaurant mitbekommen, wie ein Mann am Nachbartisch seine Frau vor allen anderen „rund machte". Sie sei zu faul, zu dick, zu langweilig … Auch wenn es gerade kriselt, sollten Sie Ihren Partner, Ihre Familie vor anderen nicht so bloßstellen bzw. so behandeln. Seien Sie loyal – verbunden, sei es im privaten oder beruflichen Umfeld.

Bin ich ein loyaler Mensch?

....

....

....

Wer in meinem Umfeld ist mir gegenüber loyal?

....

....

....

---

6. Ergebnisse liefern

Sie bauen Vertrauen bei einem Kunden, bei Ihrem Team auf, indem Sie Ergebnisse liefern. Lange reden ohne Taten führt zu nichts: „Auf Worte sollten Taten folgen." Wichtig ist, vorab die Erwartungen abzufragen. Seien Sie ehrlich, was Sie liefern können. Zeigen Sie Engagement. Halten Sie sich an den Zeitplan. Versprechen Sie nicht zu viel und liefern Sie nicht zu wenig.

In welcher Situation in meinem Leben habe ich Worte gesagt oder ein Versprechen abgegeben, doch noch keine Taten folgen lassen?

....

....

....

---

7. Sich verbessern

Otto von Bismarck sagte: „Ich lerne vom Leben. Ich lerne, solange ich lebe. So lerne ich noch heute." Hören Sie nie auf, Lernen zu wollen. Hören Sie nie auf, sich weiter zu entwickeln. Lernen Sie aus Ihren Fehlern. Holen Sie sich Rückmeldung von anderen Personen. Bilden Sie sich weiter, zum Beispiel durch ein Buch, ein Seminar, ein Coaching, eine Reise, Gespräche ...

Holen Sie sich Rückmeldungen von Kollegen, Vorgesetzten, Kunden, Familie.
Was soll ich aus Eurer Sicht auf jeden Fall fortsetzen?

....

....

....

Womit soll ich aus Eurer Sicht unbedingt aufhören?

....

....

....

Womit soll ich aus Eurer Sicht unbedingt anfangen?

....

....

....

---

8. Sich der Realität stellen

Kennen Sie das? Es gibt Probleme in einem Projekt, beim Kunden, mit Kolleg/-innen oder in der Familie. Doch anstatt es anzusprechen, wird „der Kopf in den Sand gesteckt". Weshalb ist dies so? Einige haben Angst vor den Konsequenzen. Vielleicht wird mein/e Partner/-in mich verlassen. Vielleicht springt der Kunde ab. Doch durch das Verdrängen wird es nicht besser. Flüchten Sie sich nicht in eine Scheinwelt. Wer sich der Realität stellt, ist schneller handlungsfähig.

Wo in meinem Leben stelle ich mich nicht der Realität?

....

....

....

Was ist es genau, was mich davon abhält?

....

....

....

Was brauche ich, damit ich mich mutig und klar der Situation, der Realität stellen kann?

....

....

....

---

9. Erwartungen klären

Ein Kollege erzählte mir, dass er vor einiger Zeit ein Seminar geleitet hat. Der Inhalt war klar. Einige Tage zuvor fragte er alle Teilnehmer nach deren Erwartungen. Es kamen keine Antworten. Er sprach es nochmals am Seminartag an, doch alle meinten, sie hätten keine Erwartungen. Am Ende bekam er von zwei Teilnehmern die Rückmeldung: „Sie haben unsere Erwartungen nicht erfüllt." Wenn Sie Ihre Erwartungen und Wünsche nicht kommunizieren, können Sie auch nicht erwarten, dass sie in Erfüllung gehen! Kommunikation und Klarheit schaffen Vertrauen und bringen Erfolg!

Welche Erwartungen habe ich an meine Kollegen, Mitarbeiter, Vorgesetzten, Kunden?

....

....

....

Welche Erwartungen haben meine Kollegen, Mitarbeiter, Vorgesetzten, Kunden an mich?

....

....

....

Welche Erwartungen habe ich an meine/n Partner/-in, Kinder, Freunde?

....

....

....

Welche Erwartungen haben meine Partner/-in, Kinder Freunde an mich?

....

....

....

10. Verantwortung übernehmen

Übernehmen Sie Verantwortung für sich, Ihre Handlungen, Ihr Leben. Stellen Sie sich dieser. Klären Sie, wer im Team für was zuständig ist. Klären Sie in der Familie, wer für was verantwortlich ist. Wichtig ist hierbei, dass für beide Seiten klar und verständlich ist, was zu tun ist. Dass beide Seiten sich der Verantwortung stellen.

Gibt es in meinem beruflichen Umfeld Verantwortungsbereiche, die nicht geklärt sind?

....

....

....

Gibt es in meiner Familie Verantwortungsbereiche, die nicht geklärt sind?

....

....

....

11. Erst Zuhören

„Reden ist Silber. Schweigen ist Gold!" Das heißt nicht, dass Sie nur noch schweigen sollen. Das heißt: Hören Sie hin, hören Sie zu, was andere Ihnen sagen. Seien Sie präsent und aufmerksam. Sagen Sie, was bei Ihnen ankam, was Sie gehört haben.

In welchen Situationen oder bei welchen Menschen in meinem beruflichen oder privaten Umfeld fällt es mir schwer hinzuhören?

....

....

....

Weshalb fällt es mir schwer hinzuhören?

....

....

....

Was kann ich zukünftig machen, damit es mir leichter fällt?

....

....

....

---

12. Versprechen halten

„Glaub dem XY kein Wort. Seit Wochen verspricht er uns, dass wir eine Gehaltserhöhung bekommen. Doch es tut sich nichts." Seien Sie vorsichtig mit dem, was Sie versprechen. Sagen Sie lieber: „Ich kann Ihnen nicht versprechen, ob Sie eine Gehaltserhöhung bekommen." Halten Sie niemanden hin! Geben Sie nur Versprechungen ab, wenn Sie diese einhalten können! Das schafft Vertrauen.

In welchen Situationen gebe ich anderen schnell ein Versprechen, das ich dann meist nicht einhalten kann?

....

....

....

Weshalb gebe ich schnell Versprechen ab? Was verspreche ich mir davon? Vielleicht Anerkennung, Lob, Bewunderung?

....

....

....

13. Anderen Vertrauen schenken

Ein starker Motivator ist, anderen Menschen Vertrauen zu schenken. Dann ist kein Antreiben, Überwachen und Kontrollieren mehr notwendig. Sie haben mehr Zeit, sich um andere Dinge zu kümmern. Sie können entspannt sein, da Sie wissen, Ihr Projekt ist in guten Händen. Haben Sie Vertrauen in Ihre Mitarbeiter/-innen? Trauen Sie Ihrem/r Chef/in? Ihrem/r Partner/-in? Ihren Kindern? Es gibt Menschen, die vertrauen blind jedem, der ihnen begegnet. Diese Menschen laufen Gefahr enttäuscht zu werden, wenn sie zu leichtfertig ihr Vertrauen schenken. Es gibt Menschen, die vertrauen niemandem. Diese sollten darauf achten, ihrem Misstrauensanteil weniger das Steuer im Boot zu überlassen, sondern sich mutig zu öffnen.

Übung „Bestandsaufnahme: Mein Vertrauen in andere“

Auf einer Skala von 1–10: Wie sehr vertraue ich anderen Menschen?

1 = Ich vertraue niemandem — 10 = Ich vertraue jedem Menschen

1	2	3	4	5	6	7	8	9	10

Kann ich Dinge, die mir andere anvertrauen, für mich behalten?

....

....

Wenn nein, was hindert mich daran?

....

....

....

Welcher Person aus Ihrem Arbeits- oder Privatleben vertrauen Sie 100 Prozent? Schreiben Sie die Namen hier auf:

....

....

....

Weshalb vertraue ich diesen Personen?

....

....

....

Wie ist diese Beziehung? Wie fühle ich mich, wenn ich an die jeweilige Person denke? Was erlebe ich gemeinsam mit ihr?

....

....

....

Denken Sie bitte an eine oder mehrere Personen aus Ihrem Arbeits- und Privatleben, denen Sie gar nicht oder kaum vertrauen. Schreiben Sie diese hier auf:

....

....

....

Was unterscheidet die Personen von den anderen beiden, denen ich vertraue?

....

....

....

Wie verhalte ich mich gegenüber den Personen, denen ich nicht oder kaum vertraue?

....

....

....

Gibt es etwas in meinem Verhalten, das ich ändern kann, damit ich den beiden Personen wieder mehr vertrauen kann?

....

....

....

3.7 Zusammenfassung 3. Kapitel Selbstvertrauen

Selbstvertrauen ist für Sie wichtig, da dies bedeutet: Sie trauen sich selbst etwas zu. Somit können Sie mit Emotionen, Unsicherheit und Angst besser umgehen.

Wenn Sie alle Übungen durchgeführt haben, sind Sie sich bewusst, was Sie in Ihrem Leben alles schon gemeistert haben. Sie haben für sich etwas, das Ihnen hilft, in unbekannten und schweren Situationen mit sich selbst in Kontakt zu bleiben und somit selbstbewusst umzugehen. Sie haben erfahren, wie Sie durch Ihren Glauben Ihr Leben beeinflussen. Sie haben das Vertrauen zu sich und zu anderen beziehungsweise die Anleitung, dort hinzukommen.

Wie geht es Ihnen jetzt mit Ihrem Selbstvertrauen?

Was haben Sie erkannt?

....

....

Was haben Sie erfahren?

....

....

Was haben Sie erlebt?

....

....

---

4 Selbstwert

Ein großer Fehler: dass man sich mehr dünkt, als man ist, und sich weniger schätzt, als man wert ist.

Johann Wolfgang von Goethe

Stellen Sie sich vor, die Welt ist ein einziges großes Puzzle. Dieses Puzzle besteht aus Millionen von Teilen, die ein großes Bild ergeben. Stellen Sie sich jetzt vor, Sie sind ein Puzzleteil von dem großen Bild. Angenommen, Sie würden fehlen, wäre das Gesamtbild trotzdem für jeden noch erkennbar. Allerdings wäre auch für jeden sichtbar, dass ein Teil des Ganzen fehlt. Die Welt dreht sich weiter, wenn Sie nicht mehr da sind, doch es fehlt ein wichtiger Baustein. Jedes einzelne Puzzleteil, und sei es noch so klein, ist wichtig für das große Ganze. Aus diesem Grund sind Sie wichtig! Erkennen und anerkennen Sie diesen Wert, Ihren eigenen Wert? L'Oréal hat in seinen Werbespots den Satz: „Weil ich es mir wert bin!" Wertschätzen Sie sich selbst?

Übung „Wert-schätzen Sie sich selbst"

Wer bestimmt Ihren Wert? Das bestimmen einzig und allein Sie! Nehmen wir an, Sie bekommen ein Gehalt von monatlich 2.000 Euro. Sind Sie aus diesem Grund 2.000 Euro wert? Nein, das ist Ihr Gehalt. Nicht mehr und nicht weniger! Wenn Sie es in Euro ausdrücken dürften, wie viel sind Sie wert? 20 Euro, 800, 3.000, 10.000, 500.000, 4 Millionen, mehr? Wie viel ist eine Stunde Ihrer Zeit wert? Schreiben Sie die Zahlen jetzt auf.

In Euro ausgedrückt bin ich wert: ....

Wie viel ist eine Stunde meiner Zeit wert? ....

Sobald Sie alle Übungen im Buch gemacht haben, schauen Sie sich diese Übung noch einmal an. Sind es noch die gleichen Zahlen? Lässt sich Ihr Wert vielleicht nicht in Zahlen ausdrücken? Seien Sie gespannt, was kommt!

4.1 Anerkennen und wertschätzen, was ich bin!

In den letzten Jahren ist mir aufgefallen, dass viele Frauen auf Komplimente gleich reagieren. Wenn ich zum Beispiel sage: „Tolles Kleid“, kommt fast immer entweder: „Ach, das ist schon alt“ oder „Das war ganz billig!“ Damit machen Sie das Kompliment klein, damit machen Sie sich selbst klein. Das nächste Mal sagen Sie „Danke“, ansonsten nichts.

Das Gegenteil hat Goethe schön beschrieben: „Ein großer Fehler: dass man sich mehr dünkt, als man ist!“ Es gibt Menschen, die prahlen ständig, wie toll sie sind. Sie erzählen immer und überall, was sie schon alles Tolles geleistet haben. Was sie verdienen und was sie alles besitzen. Oft sind dies Menschen mit einem geringen Selbstwertgefühl. Sie denken, sie können sich aufwerten, wenn sie erzählen, was sie besitzen. Das ist, als ob ein großer Baum dasteht, allerdings fehlen die Wurzeln. Sobald ein Sturm kommt, fällt der Baum um. Lassen Sie Wurzeln an sich wachsen!

Aus einer Kuh kann man kein Rennpferd machen, doch man kann anerkennen, dass sie gute Milch gibt! Es gibt kein besser oder schlechter. Es gibt kein wertvoller oder weniger wertvoll. Es gibt nur ein anders sein! Nehmen Sie Ihr Sein an? Die Selbstannahme ist ein wichtiger Bestandteil für das Selbstwertgefühl. Es kann sein, dass andere Menschen mehr Geld verdienen als Sie. Es kann sein, dass andere mehr Umsatz machen als Sie. Es kann sein, dass andere attraktiver sind als Sie – wobei Attraktivität eine Sicht des jeweiligen Betrachters ist. Es kann sein, dass andere mehr Auszeichnungen haben als Sie. Doch im Kern sind wir alle gleichwertig. Sie brauchen diesen Wert nicht ständig unter Beweis zu stellen. Er ist einfach so da. Er ist bei allen gleich.

Stellen Sie sich vor, Sie haben einen 100-Euro-Schein in der Hand. Wenn Sie diesen zerknittern, ist er noch immer 100 Euro wert. Wenn Sie diesen auf den Boden legen und mit Ihren schmutzigen Schuhen darauf treten, ist er noch immer 100 Euro wert. Egal wie zerknittert oder schmutzig der Schein ist, er behält seinen Wert!

Sie sind wertvoll, egal was ist. Viele Menschen erkennen dies nicht. Im Laufe der Zeit haben viele Menschen zum Schutz dicke Mauern um diesen Kern gebaut. Angefangen in der Kindheit, wenn es hieß: „Das kannst Du nicht“;

„Deine Schulkameradin hat das viel besser gemacht als Du." Im Teenageralter, als ein Klassenkamerad Ihren heimlichen Schwarm als Erster geküsst hat: „Der ist viel attraktiver als ich." Bis hin zum Heute: „Frau Meier ist viel erfolgreicher als Sie"; „Nimm Dir ein Beispiel an Peter, der hat eine eigene Firma und ist erfolgreich und hat eine hübsche Frau und läuft Marathon und hat Geld und ein großes Haus und …" Sie haben zum Schutz angefangen, Mauern zu bauen. Oder Ihnen wurde gekündigt. Die Frau, der Mann hat Sie verlassen. Immer höher und dicker wurden die Mauern von Ihnen hochgezogen. So lange, bis Sie selbst den eigenen Wert nicht mehr sehen konnten.

TIPP

Entwickeln Sie Mitgefühl für sich selbst. Sollten Sie dicke Mauern um Ihren Kern gebaut haben, um sich zu schützen, war es bestimmt nicht immer einfach für Sie. Fühlen Sie mit, was Sie selbst alles geleistet haben, um diese Mauern zu errichten. Seien Sie achtsam mit sich selbst. Seien Sie liebevoll und geben Sie sich Zeit. Die Mauern waren an einem bestimmten Punkt in Ihrem Leben für Sie sehr wichtig. Schritt für Schritt dürfen diese sehr achtsam abgebaut werden. Es kann sein, dass Sie einige Steine abgebaut haben und merken, dass Sie wieder ein paar neue Steine um sich zur Mauer errichtet haben. Dann hadern Sie nicht mit sich, sondern schenken sich selbst ein liebevolles „Aha". Lächeln Sie voller Dankbarkeit, dass Sie schon ein paar Steine abgebaut haben. Dass Ihnen jetzt schon auffällt, wenn Sie neue Steine aufbauen und zu Mauern werden lassen. Beobachten Sie sich selbst, ohne sich zu bewerten. Wenn Sie frisch verliebt sind, möchten Sie am liebsten alles tun für die andere Person. Sie sind achtsam, aufmerksam und wollen viel Zeit miteinander verbringen. Genau diese Aufmerksamkeit brauchen Sie jetzt für sich selbst. Beginnen Sie ein Liebesverhältnis mit sich selbst!

Übung „Liebevoll mit mir selbst"

Sagen Sie immer wieder, mindestens einmal am Tag, einen der folgenden Sätze:
„Ich weiß, tief in mir ist ein Kern, welcher unendlich wertvoll ist. Ich bin wertvoll und wichtig, genauso wie ich bin. Ich erkenne und anerkenne jetzt meinen Wert. Ich bin ein wertvoller Mensch. Ich liebe und achte mich. Ich wertschätze und respektiere mich. So wie ich bin, bin ich wertvoll."
Sie können den Sinn dieser Sätze auch mit Ihren eigenen Worten formulieren.

Eine Klientin meinte neulich: „Das ist aber komisch!“ Ja, selbstverständlich ist das komisch. Sie haben es ja nie gemacht. Beim allerersten Mal sind viele Dinge komisch, da sie ungewohnt sind. Doch so, wie Sie sich jetzt jeden Morgen die Zähne putzen und sich waschen, ohne sich viele Gedanken darüber zu machen, wird es auch mit diesem Satz werden. Gewöhnen Sie sich daran und geben Sie sich Zeit.

Wertschätzen Sie sich. Schenken Sie sich selbst Zeit. Hierfür empfehle ich Ihnen folgende Methoden. Wichtig: Immer in Ihren Kalender eintragen, damit Sie daran denken!

Übung Die „1x9x7 und 4x9 — Methoden“

a) Die „1 x 9 x 7-Methode“

1 x am Tag nehmen Sie sich 9 Minuten Zeit für sich selbst und dies 7 Tage die Woche. Schenken Sie sich jeden Tag 9 Minuten Zeit für sich selbst. Ob Sie sich diese morgens und abends nehmen oder einmal am Tag, bleibt Ihnen überlassen. Schauen Sie, wie es Ihnen geht. Wie fühlt sich Ihr Körper an? Was wollen Sie heute machen? Wie war Ihr heutiger Tag? Was haben Sie gut gemacht? Was war gut für Sie? Was hat Ihnen Spaß gemacht und was weniger? Bereiten Sie sich auf den Tag vor und reflektieren Sie, wie der Tag war.

b) Die „4 x 9-Methode“

4 x pro Jahr nehmen Sie sich 9 Stunden Zeit für sich. Am besten gehen Sie dorthin, wo Sie alleine sind, wo Sie sich zurückziehen können. Sie können die vier „Dates“ mit sich selbst gut in den Rhythmus der Jahreszeiten einbringen. Das heißt, jeweils zum Frühlings-, Sommer-, Herbst- und Winterbeginn haben Sie eine Verabredung mit sich selbst. Was möchten Sie im Frühling, wo alles zu wachsen beginnt, selbst wachsen lassen? Wo soll in Ihrem Leben wieder mehr die Sonne scheinen, können Sie sich zum Sommerbeginn fragen. Wie war Ihr Herbst, welche Früchte haben Sie geerntet? Was ist Ihnen für die Rückzugszeit im Winter wichtig?

TIPP

„Mein persönlicher Jahresrückblick"! Ich empfehle Ihnen, am Ende des Jahres einen Gesamtrückblick auf das Jahr zu machen. Wie war Ihr ganz persönliches Jahr? Was hat Ihnen gefallen, was möchten Sie ändern, was sind Sie bereit, dafür zu tun? Was haben Sie gut gemacht? Genauso machen Sie einen Ausblick auf das neue Jahr. Was wünschen Sie sich für das neue Jahr? Welche Ziele haben Sie? Mit welchen Menschen möchten Sie mehr Zeit verbringen?

4.2 Perfekt ist nicht mal Zeus

„Ich mache niemals Fehler. Ich habe keine Schwächen. Ich bin unfehlbar. Ich bin göttlich." – Blödsinn! Selbstverständlich gibt es das nicht. Es gibt keinen Menschen ohne Schwächen. Ja, nicht mal die Götter sind perfekt. Oder wieso hat Zeus, der Halunke, seine Frau Hera ständig betrogen? Obwohl, in den Augen mancher ist „Vielweiberei" perfekt ...! Erlauben Sie sich, dass Sie nicht perfekt sind. Versöhnen Sie sich mit Ihren Schwächen. Es ist, als ob Sie versuchen, alleine in acht Tagen die Welt zu Fuß zu umrunden. Es ist vergebliche Mühe. Schade um die Energie, die Sie aufbringen, um anscheinend perfekt zu sein. Sie setzen sich damit selbst viel zu sehr unter Druck. Das ist anstrengend und bringt nichts.

Jeder Mensch hat Schwächen! Das habe ich, das haben Sie, das haben alle. Leider wollen die meisten Menschen diese Schwächen nicht sehen, geschweige denn zugeben. Doch genau diese Schwächen machen uns menschlich. Salvador Dali sagte: „Habe keine Angst vor der Perfektion: Du wirst sie nie erreichen!" Oder wie mein früherer Kollege Richard sagte: „Das Perfekte ist der Feind des Guten!"

Begrüßen Sie Ihren perfektionistischen Anteil, sagen Sie „Hallo" zu ihm! Vielleicht hat er Ihnen schon in so mancher Situation geholfen. Zum Beispiel, indem Sie sich sorgfältig und genau auf etwas vorbereitet haben. Hier sind gute Fragen, die Sie dabei unterstützen, Ihren perfektionistischen Anteil zu entdecken.

Übung „Der Perfektionist in mir“

Was ist das Gute an meinem perfektionistischen Anteil?

Beispiel:

Ich bereite mich immer sehr, sehr genau auf meine Arbeit vor. Aus diesem Grund habe ich schon viele Kunden gewonnen. Mein Chef ist sehr zufrieden mit mir.

....

....

....

Was für Konsequenzen hat es, wenn ich meinen Perfektionismus zur Seite lege?

Beispiel:

Dadurch, dass ich soviel Zeit investiere, habe ich meine Familie vernachlässigt. Für meine Hobbys nehme ich mir seit Jahren keine Zeit mehr.

....

....

....

Was brauche ich, damit ich es mir jetzt erlauben kann, diesen Anteil für eine Weile in den Urlaub zu schicken?

Beispiel:

Ich brauche die Gewissheit, dass, auch wenn ich etwas weniger arbeite, mein Chef immer noch zufrieden mit mir ist.

....

....

....

Was kann ich dafür tun?

Beispiel:

Ich könnte im Angebot, anstatt alles fünfmal zu rechnen, es nur zweimal machen. Ich könnte, anstatt alles selbst erledigen zu wollen, meine Kollegen fragen, ob sie mich dabei unterstützen.

....

....

....

BEISPIEL: Der Sprung in der Schüssel — Verfasser unbekannt

Es war einmal eine alte chinesische Frau, die zwei große Schüsseln hatte. Diese hingen von den Enden einer Stange, die sie auf ihren Schultern trug. Eine der Schüsseln hatte einen Sprung, während die andere makellos war und stets eine volle Portion Wasser fasste. Am Ende der langen Wanderung vom Fluss zum Haus der alten Frau war die eine Schüssel jedoch immer nur noch halbvoll. Zwei Jahre lang geschah dies täglich: die alte Frau brachte immer nur anderthalb Schüsseln Wasser mit nach Hause. Die makellose Schüssel war natürlich sehr stolz auf ihre Leistung, aber die arme Schüssel mit dem Sprung schämte sich wegen ihres Makels und war betrübt, dass sie nur die Hälfte dessen verrichten konnte, wofür sie gemacht worden war. Nach zwei Jahren, die ihr wie ein endloses Versagen vorkamen, sprach die Schüssel zu der alten Frau: „Ich schäme mich so wegen meines Sprungs, aus dem den ganzen Weg zu deinem Haus immer Wasser läuft." Die alte Frau lächelte. „Ist dir aufgefallen, dass auf deiner Seite des Weges Blumen blühen, aber auf der Seite der anderen Schüssel nicht? Ich habe auf deiner Seite des Pfades Blumensamen gesät, weil ich mir deines Fehlers bewusst war. Nun gießt du sie jeden Tag, wenn wir nach Hause laufen. Zwei Jahre lang konnte ich diese wunderschönen Blumen pflücken und den Tisch damit schmücken. Wenn du nicht genauso wärst, wie du bist, würde diese Schönheit nicht existieren und unser Haus beehren."

4.3 Der Geißler – die Kritik an mir selbst

Die Flagellanten oder Geißler waren eine christliche Laienbewegung im 13. und 14. Jahrhundert. Ihr Name geht auf das lateinische Wort flagellum für „Geißel" oder „Peitsche" zurück. Zu den religiösen Praktiken ihrer Anhänger gehörte die öffentliche Selbstgeißelung, um auf diese Weise Buße zu tun und sich von begangenen Sünden zu reinigen.

Wir alle sind Geißler. Jeder von uns ist ausgestattet mit zwei Peitschen. Eine rechts und eine links. Mehrmals am Tag machen wir eine Selbstgeißelung. Ab und an öffentlich, ab und an im stillen Kämmerchen. Der „Geißler" ist ein Teil von uns, der versucht uns das Leben zur Hölle zu machen. Er kritisiert uns.

Schnell. Schonungslos. Ihre eigenen Peitschen benutzen einige Menschen so schnell und oft, dass die Flagellanten ihre wahre Freude daran gehabt hätten. Keiner geht so brutal mit uns um, wie wir selbst. Wir sind unsere schärfsten Beobachter. Wir kritisieren und verurteilen uns am härtesten.

Wichtig ist, dass Sie sich Ihren „Geißler", Ihren inneren Kritiker anschauen. Er ist ein Teil von Ihnen, nehmen Sie ihn an. Schließen Sie mit ihm Frieden. Hören Sie ihn an, doch lassen Sie ihn nicht das Ruder übernehmen.

Übung „Der Kritiker in mir“

1. Mein Geißler, mein innerer Kritiker, sagt gerne folgende Sätze zu mir:

Beispiel:

„Frau Ellers kann viel besser präsentieren als ich“; „Meine Güte, habe ich mich wieder blöd angestellt“; „Das werde ich niemals schaffen“; „Ich Idiot“; „Was für eine blöde Antwort von mir“; „So was Dummes kann auch nur ich machen“; ...

....

....

....

....

....

2. Was will er mir damit sagen?

Beispiel:

„Ich bin viel schlechter als Frau Ellers. Ich werde nie den Posten der Abteilungsleiterin bekommen. Egal, wie sehr ich mich anstrenge.

....

....

....

....

....

3. Was ist das Gute daran?

Beispiel:

„Ich kann auf keinen Fall versagen, da ich es nicht probiere.“

....

....

....

....

....

4. Ist das tatsächlich meine Meinung oder kann es sein, dass dies die Meinung von anderen ist, zum Beispiel meiner Eltern, Geschwister, Verwandtschaft, Freunde, Chef, Kolleg/-innen?

Beispiel:

„Na ja, mein Vater sagte immer: Schuster, bleib bei Deinen Leisten. Das hat mich schon ab und an davon abgehalten, Dinge auszuprobieren!“

....

....

....

....

....

5. Was ist es genau, was ich jetzt ändern möchte?

Beispiel:

Ich möchte gerne selbstsicherer auftreten. Ich möchte gerne einen Job als Abteilungsleiterin.

....

....

....

....

....

6. Was genau bin ich bereit, dafür zu tun?

Beispiel:

Ich will ein Gespräch mit meinem Chef führen. Ich will wissen, welche Chancen er für mich in der Firma sieht.

....

....

....

....

....

7. Was glaube ich, welche Konsequenz hat diese Änderung für mich und für mein Umfeld?

Beispiel:

Ich kann mir gut vorstellen, dass mein Chef mir keine Chance geben wird. Er hält nicht viel von mir. Es kann sein, dass ich, um das Ziel zu erreichen, die Firma wechseln muss. Außerdem glaube ich, dass meinem Vater das nicht gefallen wird. Er glaubt, dass Frauen überhaupt nicht arbeiten sollen. Er fragt auch nie, wie es mir geht in der Arbeit. Es kann sein, dass mein Vater noch weniger mit mir spricht.

....

....

....

....

....

8. Wenn ich den Mut hätte, mir selbst zu erlauben, diese Änderung jetzt vorzunehmen, was würde mich jetzt noch daran hindern, dies zu tun?

Beispiel:

Ich habe Angst, dass das Gespräch mit meinem Chef nicht gut läuft. Ich habe Angst vor der Reaktion meines Vaters.

....

....

....

....

....

9. Was bin ich bereit, ab jetzt zu ändern?

Beispiel:

Ich werde mich coachen lassen um selbstsicherer aufzutreten. Ich werde lernen, kraftvoll aufzutreten und mich nicht mehr als Opfer der Umstände zu sehen. Ich werde lernen, wie ich gut gegenüber meinem Chef und meinem Vater argumentieren kann. Ich werde jetzt gleich meinen guten Kollegen Peter und meine Freundin Sina anrufen und fragen, ob sie mir dabei helfen.

....

....

....

....

....

4.4 Die Grenzen setzen: Wer da bauet in den Gassen, muss die Leute reden lassen

BEISPIEL: Der Kaufmann und der Papagei

Ein Vater zog mit seinem Sohn und einem Esel in der Mittagsglut durch die staubigen Gassen von Kesha. Der Vater saß auf dem Esel, den der Junge führte. „Der arme Junge", sagte da ein Vorübergehender. „Seine kurzen Beinchen versuchen mit dem Tempo des Esels Schritt zu halten. Wie kann man so faul auf dem Esel herumsitzen, wenn man sieht, dass das kleine Kind sich müde läuft?" Der Vater nahm sich dies zu Herzen, stieg hinter der nächsten Ecke ab und ließ den Jungen aufsitzen. Gar nicht lange dauerte es, da erhob schon wieder ein Vorübergehender seine Stimme: „So eine Unverschämtheit. Sitzt doch der kleine Bengel wie ein Sultan auf dem Esel, während sein armer, alter Vater nebenher läuft." Dies schmerzte den Jungen und er bat den Vater, sich hinter ihn auf den Esel zu setzen. „Hat man so etwas schon gesehen?" keifte eine Frau, „solche Tierquälerei! Dem armen Esel hängt der Rücken durch und der alte und der junge Nichtsnutz ruhen sich auf ihm aus, als wäre er ein Diwan, die arme Kreatur!" Die Gescholtenen schauten sich an und stiegen beide, ohne ein Wort zu sagen, vom Esel herunter. Kaum waren sie wenige Schritte neben dem Tier hergegangen, machte sich ein Fremder über sie lustig: „So dumm möchte ich nicht sein. Wozu führt ihr denn den Esel spazieren, wenn er nichts leistet, euch keinen Nutzen bringt und noch nicht einmal einen von euch trägt?" Der Vater schob dem Esel ein Hand voll Stroh ins Maul und legte seine Hand auf die Schulter seines Sohnes. „Gleichgültig, was wir machen", sagte er, „es findet sich doch immer jemand, der damit nicht einverstanden ist. Ich glaube, wir müssen selbst wissen, was wir für richtig halten."

Diese schöne Geschichte ist von Nossrat Peseschkian, dem Begründer der „Positiven Psychotherapie". Sie zeigt deutlich, dass es nicht möglich ist, es allen recht zu machen! An der Hauswand meines Arztes steht: „Wer da bauet in den Gassen, muss die Leute reden lassen." Herrlich! Jedes Mal lächle ich, wenn ich das Schild sehe. Seien Sie es sich wert, Ihre eigene Meinung zu haben und zu dieser zu stehen. Seien Sie es sich wert, „Nein" zu sagen. Seien Sie es sich wert, die eigenen Grenzen zu achten, zu respektieren und anderen Menschen diese zu zeigen.

Es gibt viele Möglichkeiten, wie andere Menschen über Ihre Grenzen gehen. Schauen Sie selbst, wo Ihre eigenen Grenzen sind. Hier sind ein paar Beispiele, die vielleicht auf Sie zutreffen: „Mein Chef fordert immer öfters, dass ich am Wochenende arbeite und Überstunden mache"; „Meine Kollegin stellt ihr Telefon auf mich um, ohne mich zu fragen"; „Meine Kinder sind über 26 Jahre alt und ich muss immer noch für sie Wäsche waschen und jeden Tag kochen"; „Ich muss jeden Sonntag zu meinen Eltern zum Essen, obwohl ich lieber mit meinem Partner alleine wäre" …

Allerdings gehören dazu immer zwei! Das heißt, Sie lassen es zu, dass andere über Ihre Grenzen gehen. Wichtig ist herauszufinden, was Ihre Motive sind:

Übung „Der Grenzwächter in mir"

In welcher Situation lasse ich es zu, dass andere über meine Grenzen gehen?

....

....

....

Weshalb fällt es mir so schwer, „Nein" zu sagen und mich abzugrenzen?

....

....

....

Wo und wie in meinem Körper spüre ich es, wenn andere über meine Grenzen gehen?

....

....

....

Gibt es Situationen in meinem Leben, bei denen ich klar und deutlich meine Grenzen wahre?

....

....

....

Was hilft mir, auch in schwierigen Situationen meine eigenen Grenzen zu setzen und zu respektieren?

....

....

....

Übung „Grenzwächter" – Partnerübung

Beobachten Sie, wie sich die Übung für Sie anfühlt. Achten Sie hierbei bewusst auf Ihren Körper und die Gefühle, die hochkommen. Sie sind „A" und die andere Person ist „B"! Sie stellen sich hin und B steht mit einem Abstand von circa 3 Metern Ihnen gegenüber. B kommt auf Sie zu gelaufen. Sie sagen laut „STOPP", sobald Sie das Gefühl haben, hier ist Ihre Wohlfühlgrenze erreicht. Näher soll die andere Person nicht kommen. B bleibt sofort stehen.

In der zweiten Runde machen Sie das Gleiche, nur dass B nicht stehen bleibt, sondern weitergeht und nicht auf Sie hört, bis er ganz nah direkt vor Ihnen stehen bleibt. Bleiben Sie eine Weile so, fühlen Sie, wie es Ihnen dabei geht.

An welcher Stelle Ihres Körpers spüren Sie, dass Ihre Grenze nicht respektiert wird?

....

....

....

Wie fühlt es sich an? Beschreiben Sie das Gefühl.

....

....

....

Haben Sie voller Überzeugung „STOPP" gesagt oder war es eher halbherzig? Eher ein Jein statt ein klares Nein?

....

....

....

Tauschen Sie sich mit Ihrem Partner nach der Übung aus. Wie war es für Sie und wie war es für Ihren Partner?

....

....

....

Gerne können Sie danach die Rollen tauschen!

4.5 Zusammenfassung 4. Kapitel Selbstwert

Ein gesunder Selbstwert ist für Sie wichtig, um sich selbst wertvoll zu behandeln. Liebevoll und achtsam mit sich umzugehen. Seine Bedürfnisse wahrzunehmen und dafür einzustehen.

Wenn Sie alle Übungen durchgeführt haben, dann erkennen Sie Ihren eigenen Wert. Sie sind sich Ihrer Grenzen und innerer Herausforderer bewusst. Sie schauen liebevoller auf Ihre Person und gehen achtsamer und wertschätzender mit sich um.

Wie geht es Ihnen jetzt mit Ihrem Selbstwert?

Was haben Sie erkannt?

....

....

Was haben Sie erfahren?

....

....

Was haben Sie erlebt?

....

....

---

5 Selbstmotivation

Ich lebe mein Leben in wachsenden Ringen,
die sich über die Dinge ziehn.
Ich werde den letzten vielleicht nicht vollbringen,
aber versuchen will ich ihn.

Rainer Maria Rilke

Frau Werder hat eine Präsentation für einen wichtigen Kundentermin, doch sie verschiebt die Vorbereitungen darauf von Tag zu Tag. Sie ist lustlos und redet stundenlang mit den Kollegen. Ihr Chef ruft an: „Frau Werder, haben Sie die Präsentation bereits fertig? Wenn nicht, überlege ich mir, ob Herr Krüger gemeinsam mit Ihnen am Freitag präsentieren soll." Frau Werder denkt sich: „Bloß nicht gemeinsam mit dem Krüger, der ist schon lange scharf auf meinen Job", und antwortet ihrem Chef: „Selbstverständlich habe ich die Präsentation bereits fertig. Haben Sie morgen früh Zeit? Dann gehen wir die wichtigsten Punkte gemeinsam durch." Sie legt auf und hat innerhalb von zwei Stunden die Arbeit erledigt, die sie seit Tagen vor sich herschiebt.

Alexander Christiani schreibt in seinem Buch „Weck den Sieger in Dir": „Unser Betriebssystem hat sich, so die Lernforscher, in den Jahrmillionen unserer Stammesgeschichte entwickelt. Es dient dazu, die beiden Grundfunktionen sicherzustellen, die wir mit allen anderen Gattungen gemein haben: Selbsterhaltung und Arterhaltung. Um diese – im wahrsten Sinne des Wortes – überlebenswichtige Zielsetzung zu realisieren, arbeitet unser Betriebssystem mit zwei Programmbefehlen:

1. Weg von Schmerz und Pein. Das heißt, dem, was unser Leben bedroht.
2. Hin zur Lust, das heißt, hin zu allem, was Selbst- und Arterhaltung fördert.
   → Jetzt wissen Sie, warum Essen, Trinken und Sex soviel Spaß machen!

Das Bedürfnis, Schmerz zu vermeiden, ist der stärkere Motivator!

Wir verfolgen also Ziele besonders diszipliniert, wenn einerseits das Erreichen des Zieles bei uns positiv besetzt ist und es andererseits schmerzhaft für uns wäre, das Ziel nicht zu erreichen.

In dem Fall von Frau Werder bedeutete es Schmerz, vielleicht den Job an Herrn Krüger zu verlieren. Das motivierte sie, die Präsentation vorzubereiten. Aus Trotz sind schon ganze Imperien entstanden!

Übung „Jetzt geht's los"

1. Schreiben Sie auf, was Sie seit einiger Zeit vor sich herschieben.

Beispiele:

a) Seit zwei Jahren möchte ich regelmäßig Sport machen.
b) Meine Ablage habe ich seit sechs Monaten nicht mehr erledigt.

....

....

2. Was genau ist es, was Sie möchten?

Beispiele:

a) Ich will wieder einen beweglichen Körper und mit Leichtigkeit durchs Leben gehen.
b) Meine Ablage auf dem aktuellen Stand haben.

....

....

3. Wie sieht das dann konkret aus? Was ist der Vorteil, wenn Sie es tun?

Beispiele:

a) Zweimal die Woche jogge ich bei uns um den See. Ich frage Ralph, ob er mitmacht. Zu zweit macht es mir mehr Spaß. Ich bekomme wieder mehr Energie und habe einen tollen Ausgleich zum Arbeitsalltag.
b) Jeden Freitag nehme ich mir 30 Minuten Zeit für meine Ablage. Wenn ich es jede Woche mache, geht es recht schnell. Wenn ich Unterlagen brauche, weiß ich gleich, wo sie sind. Das erspart mir viel Zeit.

....

....

....

....

4. Schreiben Sie die Nachteile Ihres Untätig-Seins auf

Beispiele:

a) Ich bin träge und fühle mich energielos. Ich habe acht Kilo zugenommen. Seitdem habe ich, wenn ich ein paar Treppenstufen steige, das Gefühl, als ob ich den Mount Everest erklimme. Meine Kleider passen mir nicht mehr.

b) Ich brauche lange, wenn ich etwas suche. Ich finde bestimmte Dokumente nicht mehr. Ich habe vergessen, die Rechnung zu bezahlen, da sie in meinem Stapel unterging. Aus diesem Grund musste ich Mahngebühren bezahlen.

....

....

....

5. Nehmen Sie das für Sie im Moment dringendste Beispiel. Schreiben Sie auf ein Blatt Papier, was Sie vor sich herschieben oder ändern möchten. Darunter schreiben Sie die Vorteile Ihres Tätigwerdens und die Nachteile Ihres Untätig-Seins. Legen Sie das Papier an einen Ort, wo es für Sie jeden Tag morgens und abends sichtbar ist. Lesen Sie es sich jeden Abend und jeden Morgen durch. Machen Sie das drei Wochen. Schauen Sie, wie es Ihnen dabei geht und welche Veränderung Sie bei sich wahrnehmen.

....

....

....

....

....

....

....

....

....

....

....

5.1 Mein Motivator ist ...

BEISPIEL: Das Kamel und die Ameise – Verfasser unbekannt

Ein Kamel beobachtet eine Ameise. Diese schleppt ein großes Blatt, das zehnmal größer ist als sie selbst. Das Kamel sagt zur Ameise: „Ich bewundere Dich. Du schleppst das Blatt, als wäre es gar nichts, obwohl es zehnmal größer ist als Du. Ich hingegen habe bereits Mühe mit den zwei Säcken, die ich trage. Wie kommt das?" Die Ameise antwortet: „Ich arbeite für mich und meinen Stamm. Du arbeitest für Deinen Herrn!"

Die Ameise arbeitet für sich selbst und für das gesamte Team. Das motiviert sie!

„Schatz, ich arbeite doch nur wegen Dir und den Kindern soviel. Ich möchte Euch etwas bieten. Ihr seid mir das Wichtigste im Leben." Herr Eckert rechtfertigt so die täglichen Überstunden und die Wochenendarbeit vor seiner Frau. Haben Sie diese oder ähnliche Sätze schon einmal gesagt? Wenn ja: STOP! Hören Sie auf damit! Schauen Sie in den Spiegel und seien Sie ehrlich mit sich selbst: Weshalb arbeiten Sie wirklich soviel? Weshalb machen Sie wirklich so viele Überstunden? Ist es wirklich nur wegen der Kinder? Wenn Ihnen Ihre Kinder das Wichtigste im Leben sind, wieso verbringen Sie so wenig Zeit mit Ihnen?

Was ist es wirklich, was Sie motiviert und antreibt? Vielleicht haben Sie Lust an Ihrem Job und den vielen Reisen. Es ist toll, besondere Privilegien zu haben, wie einen Firmenwagen oder ein Firmenhandy. Es gefällt Ihnen, neue Länder und neue Menschen kennenzulernen. Es macht Ihnen Spaß, einer verantwortungsvollen Tätigkeit nachzugehen. Sie genießen es, eine Sekretärin und viele Mitarbeiter zu haben. Vielleicht macht es Ihnen Spaß, Ihre Talente einzubringen. Neues zu lernen. Sich weiter zu entwickeln. Ein Geschäft aufzubauen. Sie genießen es! Das dürfen Sie! Doch sagen Sie nicht „Ich mache das nur für Euch!" Nein, Sie machen es auch für sich selbst!

Vielleicht arbeiten Sie in einem Pflegeberuf oder verteilen ehrenamtlich am Wochenende Suppe an Obdachlose. Wenn ja, ist Ihre Identifikation mit der Aufgabe, etwas Sinnvolles tun zu wollen, Ihr Motivator.

Haben Sie den Wunsch, immer „höher, schneller, weiter" zu kommen? Möchten Sie gerne Rekorde brechen, als Erster am Ziel sein? Für viele Menschen ist dies ein starker Motivator. Andere übertreffen oder sich selbst zu übertreffen.

Anerkennung kann ein hoher Motivator sein. Vielleicht ist es Ihnen wichtig, dass Sie gelobt werden. Dass Andere Ihre Leistungen sehen und Sie dafür wertschätzen.

Dr. Steven Reiss ist emeritierter Professor für Psychologie und Psychiatrie an der Ohio State University in Columbus, Ohio, USA. In den neunziger Jahren war er schwer krank. Es überraschte ihn, mit welcher Hingabe und Liebe ihn die Krankenschwestern und Pfleger umsorgten – ein Beruf, den er sich für sich selbst nie vorstellen könnte. Darauf aufbauend fragte er sich, was macht mich und was macht Menschen glücklich und zufrieden. Auf der Suche stellte er fest, dass in der wissenschaftlichen Motivationsforschung Modelle zur Analyse der individuellen Motivationsstruktur fehlten. Nachdem er gesund war, hat er in neun großen Studien mit über 15.000 Probanden untersucht, welche Endmotive den Menschen antreiben. Er fand heraus, dass es sechzehn fundamentale Werte und Bedürfnisse – sogenannte Lebensmotive – gibt, die uns motivieren:[1]

1. Macht
2. Unabhängigkeit
3. Neugier
4. Anerkennung
5. Ordnung
6. Sammeln/Sparen
7. Ehre
8. Idealismus
9. Beziehungen
10. Familie
11. Status
12. Rache/Wettkampf
13. Eros (Schönheit)
14. Essen
15. Körperliche Aktivität
16. Emotionale Ruhe

[1] Abdruck mit freundlicher Genehmigung des Instituts für Lebensmotive, www.institut-fuer-lebensmotive.de, Dipl.Psych. Markus Brand und Frauke Ion.

Ein Reiss-Profil als wissenschaftliches Testverfahren misst die individuelle Ausprägung der einzelnen Lebensmotive. Hoch ausgeprägt (+2) gibt an, dass das entsprechende Motiv ein stark wirksames Lebensmotiv ist. Gering ausgeprägt (–2) ist in umgekehrter Richtung wirksam. Ist es ausgewogen (0), hängt die Bedeutung des Motivs stärker vom situativen Kontext ab.

Möchten Sie etwas über Ihre individuellen Motivatoren erfahren? Es gibt eine wissenschaftlich fundierte und kostenpflichtige Auswertung, die Sie bei mir, als zertifizierter Reiss Profile Master, auf Anfrage durchführen können. Allerdings können Sie bereits hier eine erste Selbsteinschätzung durchführen, indem Sie für jedes Lebensmotiv anhand der unten aufgeführten Informationen über Ihre Motivation nachdenken und gemäß Ihrem Selbstbild einen nach rechts oder links ausgeprägten Balken eintragen. Die Adjektive an den Enden gelten dabei als Orientierungshilfe. Wichtig ist, dass Sie für sich selbst herausfinden, wo Sie stehen. Ohne zu werten und zu urteilen. Es gibt kein besser oder schlechter, kein richtig oder falsch.

1. Macht

Hohe Ausprägung:

Machtstreben meint den Wunsch nach Einflussnahme. Menschen mit einem hoch ausgeprägten Machtmotiv suchen in der Regel Herausforderungen und haben den Ehrgeiz, exzellente Leistungen zu erbringen. Sie wollen andere Menschen führen sowie Verantwortung und Kontrolle übernehmen. Hohe Machtmotivation bedeutet auch, dass man sich für seine Überzeugungen einsetzt.

Niedrige Ausprägung:

Ist das Machtmotiv dagegen niedrig ausgeprägt, wird eine Übernahme von Führungsverantwortung eher vermieden. Menschen mit einem niedrigen Machtbedürfnis mögen es, im Hintergrund zu agieren, unter Anleitung zu arbeiten und nicht die alleinige Entscheidungsgewalt zu haben. Sie müssen nicht ständig ihren Willen durchsetzen. Sie fordern weniger als andere, ziehen ihre Befriedigung aus Dienstleistungen und sind häufig sehr serviceorientiert.

2. Unabhängigkeit

Hohe Ausprägung:

Das Lebensmotiv der Unabhängigkeit umfasst das Streben nach Freiheit und Autonomie. Menschen mit einem hohen Unabhängigkeitsmotiv verlassen sich nur ungern auf andere. Sie mögen es weniger als andere, Hilfe oder Geschenke anzunehmen, um nicht in emotionale Schuld zu geraten. Sie versuchen autonom zu leben. Das Bedürfnis nach persönlicher Freiheit ist stark ausgeprägt und die eigene Individualität wird gepflegt.

Niedrige Ausprägung:

Ist das Unabhängigkeitsmotiv eines Menschen nur schwach ausgeprägt, agiert er stark auf der Basis von Vertrauen und strebt wechselseitige Beziehungen mit anderen an. Er ist stark konsensorientiert. Das „Auf-sich-selbst-gestellt-Sein" wird als unangenehm empfunden, stattdessen liegt meist ein hoher Gemeinschaftssinn vor. Jemand mit einem niedrigen Unabhängigkeitsbedürfnis teilt auch private und persönliche Erfahrungen gerne mit anderen und wird durch Team- und Gruppenerlebnisse motiviert.

3. Neugier

Hohe Ausprägung:

Neugier meint die Lust am Lernen des reinen Lernens wegen. Das heißt, der unmittelbare Nutzen des Gelernten steht nicht im Mittelpunkt. Unabhängig vom Intelligenzgrad bereitet Menschen mit hohem Neugiermotiv der Vorgang des Lernens Freude. Neugier äußert sich in erster Linie als intellektuelles Bedürfnis wie Lesen, Schreiben, Nachdenken oder Reflektieren. Neugierige Menschen sind wissbegierig und daran interessiert, die Wahrheit herauszufinden. Bei Routineaufgaben stellt sich schneller Langeweile ein.

Niedrige Ausprägung:

Menschen mit einem geringen Neugiermotiv sind dagegen ausgesprochen praktisch orientiert und folgen dem Motto „Just do it" oder „Taten statt Worte".

Ideen müssen einen unmittelbaren Nutzen aufzeigen, um ihr Interesse zu wecken. Wird von ihnen verlangt, sich tiefergehend mit einem philosophischen oder theoretischen Thema zu beschäftigen, kann sie das viel Energie kosten.

4. Anerkennung

Hohe Ausprägung:

Anerkennung ist das Maß an persönlicher Unsicherheit. Menschen mit hohem Anerkennungsbedürfnis streben nach hohem Selbstwert. Sie haben gewöhnlich wenig Selbstvertrauen. Das Selbstbild basiert auf dem Feedback anderer. Weil sie dazu neigen, Kritik persönlich zu nehmen, vermeiden sie Situationen, in denen sie schlecht bewertet werden könnten und streben nach Perfektion. Sie fühlen sich unsicher und tendieren dazu, in sozialen Situationen sehr aufgeregt zu sein. Personen mit einem stark ausgeprägten Bedürfnis nach Anerkennung fühlen sich gut, wenn andere hinter ihnen stehen und sie bestätigen.

Niedrige Ausprägung:

Menschen mit niedrigem Anerkennungsmotiv sind sehr selbstsicher und sehen ihre Fehler häufig als Chance, es beim nächsten Mal besser zu machen. Es fällt ihnen leichter, mit Kritik gut umzugehen und diese zu akzeptieren. Rückschläge werden schnell überwunden und das Risiko des „Falschmachens" viel häufiger eingegangen.

5. Ordnung

Hohe Ausprägung:

Das Lebensmotiv der Ordnung kommt zum Tragen, wenn wir Dinge organisieren, Pläne machen, Listen erstellen etc. Menschen mit einem hohen Ordnungsmotiv mögen standardisierte Prozesse und eine gute Organisation. Sie können gut routinierten Abläufen folgen. Sie machen gerne Pläne und können sich meist nur dann von ihnen lösen, wenn sie unmittelbar durch einen neuen Plan ersetzt werden.

Niedrige Ausprägung:

Jemand mit einem gering ausgeprägten Ordnungsmotiv dagegen legt viel Wert auf Flexibilität und Spontaneität. Er passt sich nicht gerne an vorgegebene Prozesse an, da er sie als beengend empfindet. Er plant oft nur in sehr geringem Maß und lebt seine Improvisationsstärke aus. Menschen mit einem geringen Ordnungsbedürfnis halten sich gerne Optionen offen und agieren häufig „der Nase nach". Eine zu hohe Detailorientierung wird als störend empfunden.

6. Sammeln/Sparen

Hohe Ausprägung:

Dieses Lebensmotiv bezeichnet das Streben, Dinge zu horten und zu bewahren. Menschen mit einem hohen Bedürfnis nach Sammeln und Sparen können es als unangenehm empfinden, Dinge wegzuwerfen, selbst wenn sie für den Moment keinen Nutzen bringen. Sparsamkeit und Sammeln wird als Selbstzweck ausgelebt. Unnötige Ausgaben werden vermieden, bereits angeschaffte Objekte werden gut gepflegt, um eine lange Betriebsdauer sicherzustellen. Häufig besteht ein innerer Wunsch, bestimmte Dinge oder Sammlungen zu komplettieren und vollständig zu haben.

Niedrige Ausprägung:

Großzügigkeit und Freizügigkeit bilden den anderen Pol dieses Lebensmotivs. Menschen mit einem geringen Wunsch nach Sammeln und Sparen werfen Dinge eher weg und haben eine geringe Hemmschwelle für Ausgaben. Meist kümmern sie sich weniger um ihren Besitz und neigen zu Verschwendung.

7. Ehre

Hohe Ausprägung:

Ehre bedeutet Loyalität gegenüber einem Moralkodex oder einer ethischen Zugehörigkeit. Menschen mit einem ausgeprägten Ehrenmotiv legen deshalb viel Wert darauf, Charakter zu besitzen und moralisch und prinzipientreu zu handeln. Sie sehen sich als aufrichtig und ehrlich. Ihr Augenmerk liegt auf der Erfüllung ihrer Pflichten, häufig mit hoher Selbstdisziplin. Sie sehen Regeln als wichtig an und orientieren sich an diesen.

Niedrige Ausprägung:

Im Gegensatz dazu handelt ein Mensch mit gering ausgeprägtem Ehrenmotiv eher ziel- und zweckorientiert und achtet häufiger darauf, welchen persönlichen Nutzen er aus etwas ziehen kann. Eine große Stärke liegt im Hinterfragen von Standardisierungen, Regeln und Absprachen. Konrad Adenauers Haltung gemäß dem Motto „Was interessiert mich mein Geschwätz von gestern" passt eher zu dieser Ausprägung. Menschen mit einem geringen Ehremotiv besitzen durchaus auch ein Ehrgefühl – bloß der Inhalt der Moral und Ehre ist flexibler.

8. Idealismus

Hohe Ausprägung:

Idealismus meint das Bedürfnis nach sozialer Gerechtigkeit und Fairness. Es motiviert Menschen, zum Wohle der Menschheit beizutragen und äußert sich beispielsweise darin, dass sie gemeinnützigen Organisationen beitreten, humanitäre Interessen unterstützen oder Geld spenden. Personen mit einem hohen Idealismusmotiv sind oft selbstlos und nehmen Anteil an dem, was mit den Menschen um sie herum geschieht. Sie möchten dazu beitragen, dass die Welt ein besserer Ort wird. Dafür werden sie manchmal von anderen als naive Weltverbesserer und unrealistische Träumer betrachtet.

Niedrige Ausprägung:

Menschen mit gering ausgeprägtem Idealismusmotiv sehen sich dagegen eher weltlich und realistisch, sie handeln pragmatisch orientiert. Ihre Konzentration liegt weniger auf gesellschaftlichen Entwicklungen. Sie glauben, dass Ungerechtigkeit zum Leben dazugehört, weil „die Welt ist, wie sie ist".

9. Beziehungen

Hohe Ausprägung:

Hier geht es um das Streben nach Kontakt, Begegnung und Nähe mit anderen. Menschen mit einem hohen Beziehungsmotiv haben das Bedürfnis, mit anderen zusammen zu sein. Viele von ihnen sind Mitglied in verschiedensten Gruppen und Organisationen. Sie haben in der Regel eine hohe Sozialkompetenz, sind freundlich, umgänglich und extrovertiert. Allein zu sein bereitet ihnen eher Schwierigkeiten, so dass sie auch als aufdringlich und Raum einnehmend empfunden werden können.

Niedrige Ausprägung:

Menschen mit sehr gering ausgeprägtem Beziehungsmotiv sind dagegen eher introvertierte Einzelgänger. Sie entspannen in der Einsamkeit und fühlen sich in der Gesellschaft von Fremden schnell unwohl. Sie schöpfen aufrichtige Kraft aus ihrer Privatsphäre. Erzwungene Kontakte oder viel Small Talk frustriert sie schnell.

10. Familie

Hohe Ausprägung:

Das Streben nach Familie bedeutet, sich fürsorglich gegenüber dem Partner/der Partnerin und möglichen Kindern zu verhalten. Häufig haben diese Menschen den Wunsch, eigene Kinder zu haben und aufziehen zu wollen, sie sind Familienmenschen. Sie sind oft bereit, die Bedürfnisse ihrer Kinder über die eigenen zu stellen und mögen das Gefühl, gebraucht zu werden. In dem Begriff „Fürsorge“ ist auch „Sorge“ enthalten – daher beschäftigen sie sich häufig gedanklich mit ihrer Familie und machen sich Sorgen um diese.

Niedrige Ausprägung:

Menschen mit gering ausgeprägtem Familienmotiv hingegen wünschen sich seltener Kinder, da sie die Bindung als einengend empfinden können. Haben sie Kinder, bedeutet dies nicht, dass sie ihre Kinder nicht lieben, sondern dass sie diese mehr partnerschaftlich als fürsorglich behandeln. Die sogenannte „Leine“ ist deutlich länger.

11. Status

Hohe Ausprägung:

Das Streben nach Status beinhaltet den Wunsch nach Prestige in der sozialen Hierarchie. Menschen mit hohem Statusmotiv wollen entweder mehr haben oder mehr können als andere und dafür respektiert werden. Status kann dabei materiell oder immateriell empfunden und ausgelebt werden. Immateriell kann das Stolz auf Fähigkeiten oder Titel sowie Zugehörigkeit zu einer Gruppe oder Organisation sein. Designer-Produkte, teure Autos und edle Dinge haben materielle Statusmenschen typischerweise gerne in ihrem Besitz.

Niedrige Ausprägung:

Ist das Statusmotiv nur gering ausgeprägt, herrscht Bescheidenheit vor. Menschen mit einem geringen Statusbedürfnis legen keinen Wert auf Titel oder Statussymbole. Sie wollen nicht wegen ihres Geldes respektiert werden, sondern aufgrund der Person, die sie sind, und verurteilen elitäres Verhalten. Dies kann dazu führen, dass sie weniger auf ihr eigenes Auftreten und Äußeres achten, da es ihnen nicht wichtig ist.

12. Rache/Wettkampf

Hohe Ausprägung:

Das Streben nach Rache oder Wettkampf bedeutet, gewinnen oder sich verteidigen zu wollen. Menschen mit einem hohen Rachemotiv mögen es, sich mit anderen zu messen und werden durch den Wettkampf zu eigenen Höchstleistungen angetrieben. Es ist für sie wichtig, sich zu behaupten und vor Angriffen nicht wegzulaufen. Wettbewerbsfähigkeit und Konkurrenzbetonung stellt eine gewaltfreie Möglichkeit dar, an jemandem Rache zu üben.

Niedrige Ausprägung:

Menschen mit einem niedrigen Bedürfnis nach Rache und Wettkampf sind harmonisierend. Im ihrem Verhalten herrscht Konfliktvermeidung oder sogar -schlichtung vor, Kompromisssuche hat Vorrang vor einem Austragen der Meinungsverschiedenheit. Solche Menschen vergeben anderen schnell und vergleichen sich nicht gerne mit ihnen. Es ist möglich, dass sie sehr große Zugeständnisse von ihrer Seite machen, um eine Konflikt-Eskalation zu verhindern.

13. Eros (Schönheit)

Hohe Ausprägung:

Eros meint das Streben nach Sexualität, Lust, Schönheit oder Ästhetik. Es umfasst romantische Liebe und Sex genauso wie den Wunsch nach sinnlichem Erleben, z. B. in Kunst und Musik. Menschen mit einem hoch ausgeprägten Erosmotiv haben intensive sexuelle Fantasien und verbringen Zeit damit, sich für das andere Geschlecht attraktiv zu machen. Sie können dazu neigen, andere aufgrund ihrer physischen Attraktivität zu bewerten.

Niedrige Ausprägung:

Menschen mit gering ausgeprägtem Erosmotiv hingegen denken weniger an Sex und sehnen sich seltener danach. Ihr Lebensstil ist eher asketisch. Das Design von Produkten oder Kunst und „schöne“ Dinge sind ihnen weniger wichtig.

Es existiert in Deutschland auch eine sogenannte „Business-Version“ des Reiss Profile, bei der die Fragen zur Sexualität, die das Erosmotiv definieren, durch Fragen zur Schönheit ersetzt werden. Diese sind jedoch testtheoretisch nicht validiert.

14. Essen

Hohe Ausprägung:

Das Lebensmotiv Essen bezeichnet das Streben, sich mit Nahrung in gedanklicher und realer Form zu beschäftigen. Essen stellt für hoch Ausgeprägte nicht nur eine biologische Notwendigkeit dar, sondern hat darüber hinaus auch eine seelische Bedeutung. Vieles dreht sich bei ihnen um das Essen, z. B. der Tagesablauf oder die Wochenendgestaltung. Essen ist mit Genuss verbunden, hohe Qualität wird bevorzugt und gerne Neues ausprobiert. Sie müssen dabei nicht unbedingt mehr essen oder dicker sein.

Niedrige Ausprägung:

Im Gegensatz dazu sind diejenigen mit niedrigem Essensmotiv in Bezug auf Speisen eher weniger wählerisch. Nicht selten arbeiten sie neben dem Essen einfach weiter, wenn sie in ihre Beschäftigung vertieft sind. Essen ist Nebensache, kein Selbstzweck. Oftmals stört sie sogar das natürliche Gefühl von Hunger, da sie lieber ihre Zeit für anderes als Essen nutzen würden.

15. Körperliche Aktivität

Hohe Ausprägung:

Körperliche Aktivität bedeutet das Streben danach, sich bewegen sowie seinen Organismus einsetzen und spüren zu wollen. Menschen mit einem diesbezüglich hoch ausgeprägten Lebensmotiv wollen einen aktiven Lebensstil führen und viel und regelmäßig Sport treiben. Sie sind athletisch, körperliche Leistungsfähigkeit ist ihnen wichtig. Dabei steht die Aktivität an sich im Vordergrund und nicht, ob jemand in einer speziellen Sportart mit anderen konkurrenzfähig ist. Alternativ kann auch körperliche Arbeit (z. B. im Garten) befriedigen.

Niedrige Ausprägung:

Menschen mit gering ausgeprägtem Motiv der körperlichen Aktivität hingegen bevorzugen ein möglichst bewegungsfreies, mitunter „faules" Leben. Bequemlichkeit ist hier ein wichtiger Wert, Ausdauer und Durchhaltevermögen sind hingegen weniger wichtig.

16. Emotionale Ruhe

Hohe Ausprägung:

Ruhe meint das Streben nach einem angstfreien, emotional stabilen Leben. Menschen mit einem hoch ausgeprägten Ruhemotiv wünschen sich, Stresssituationen zu vermeiden. Sie sind vorausschauend und verhalten sich vorsichtig, Unbekanntes wird vermieden. Angst kann einen zentralen Platz in ihrem Leben einnehmen, denn in Veränderungen werden schneller die Risiken als die Chancen erkannt. Empfinden Menschen mit einem hohen Ruhemotiv körperliche Schmerzen, machen sie sich schnell Sorgen um ihren allgemeinen Gesundheitszustand.

Niedrige Ausprägung:

Umgekehrt haben Menschen mit einem geringen Ruhemotiv eine hohe Stresstoleranz. Sie sind Entdecker, die Abenteuer und Nervenkitzel suchen. Sich selbst sehen sie als mutig, robust und risikofreudig an. Angst oder Panik empfinden sie selten, auch der Umgang mit Schmerzen ist für sie relativ unproblematisch. Manche werden durch Stress motiviert, besondere Leistungen zu zeigen. Bei einer extrem geringen emotionalen Ruhe kann sich Tollkühnheit auf der Suche nach persönlichen Sensationen einstellen.

Tragen Sie hier Ihre Selbsteinschätzung ein:

Gering ausgeprägt −2	ausgewogen 0	hoch ausgeprägt 2
geführt, dienstleistungsorientiert „Ich will mich an anderen orientieren."	**Macht**	führend, entscheidend „Ich will Einfluss nehmen."
team- & konsensorientiert „Ich will emotional verbunden sein."	**Unabhängigkeit**	Unabhängig, autark „Ich will frei und eigenständig sein."
praktisch, umsetzungsorientiert „Ich will konkret handeln."	**Neugier**	wissbegierig, intellektuell „Ich will Neues lernen."
selbstsicher, kritikfähig „Ich kann alles schaffen."	**Anerkennung**	perfektionistisch, sensibel „Ich will anderen gefallen."
flexibel, spontan „Ich will frei sein von Strukturen."	**Ordnung**	planvoll, organisieren „Ich will Struktur und Sauberkeit."
Großzügig, gebend	**Sammeln/Sparen**	Sparsam, bewahrend „Ich will Dinge aufheben."
ziel- & zweckorientiert „Ich will nach meinen Regeln leben."	**Ehre**	prinzipientreu, loyal „Ich will Werte einhalten."
realistisch, pragmatisch „Ich will Gerechtigkeit für mich."	**Idealismus**	idealistisch, altruistisch „Ich will Gerechtigkeit für alle."
zurückgezogen, Nähe vermeidend „Ich will alleine sein."	**Beziehungen**	gesellig, kontaktfreudig „Ich will mit Menschen zusammen sein."

Gering ausgeprägt –2	ausgewogen 0	hoch ausgeprägt 2
partnerschaftlich, familiär unabhängig „Ich will nicht eingeengt sein."	**Familie**	Fürsorglich, kümmernd „Ich will meinen Partner/meine Kinder umsorgen."
bescheiden, unauffällig „Ich will nicht herausgehoben sein."	**Status**	elitär, herausstechend „Ich will gesehen werden."
harmonieorientiert, ausgleichend „Ich will in Harmonie leben."	**Rache/Wettkampf**	wettbewerbsorientiert, kämpferisch „Ich will gewinnen."
asketisch, nüchtern „Ich will wenig Sex."	**Eros (Schönheit)**	sinnlich, ästhetisch „Ich will häufigen Sex."
hungerstillend, eintönig essend „Ich will mich nur ernähren."	**Essen**	genussvoll, kulinarisch „Ich will Essen genießen."
bequem, gemütlich „Ich will körperliche Anstrengung vermeiden."	**Körperliche Aktivität**	sportlich, athletisch „Ich will mich bewegen und fit sein."
stressrobust, risikobereit „Ich will Abwechslung."	**Emotionale Ruhe**	stresssensibel, ängstlich „Ich will vorsichtig sein."

Quelle: Institut für Lebensmotive, www.institut-fuer-lebensmotive.de, Dipl.-Psych. Markus Brand und Frauke Ion

5.2 Wo ist meine Lebenslust?

Vor einigen Jahren war ich auf einer Veranstaltung eines großen Konzerns. Der Personalvorstand – ich nenne ihn hier Herrn X – war ebenfalls dort. Sein Gesicht wirkte auf mich maskenhaft und während der gesamten Präsentation und dem Unterhaltungsprogramm zeigte er kaum eine Regung. Zum Schluss kam eine Band auf die Bühne. Sie verteilte Rasseln und Trommeln zum Mitmusizieren an die Mitarbeiter. Eine Rassel ging auch an Herrn X. Er musizierte mit. Am Anfang noch verhalten und lustlos. Im Laufe der Zeit aber wurde sein Gesicht immer entspannter und gelöster. Er fing an zu lächeln und da ich ihn beobachtet habe, können Sie mir glauben, es lag nicht am Alkohol, weil er keinen trank. Als er den Saal verließ, stand ich draußen und sah, wie er tanzend, Rassel schwingend und mit einem breiten Lächeln im Gesicht an mir vorbei ging. Ich hoffe, dass, wenn Herr X das nächste Mal angespannt ist, er sich daran erinnert, wie die Rasseln, die Musik, das Tanzen ihn motiviert haben und er lustvoll mit Begeisterung nach Hause ging.

2007 hatte ich Lust auf einen Wohnortswechsel, Lust auf Veränderung. Ich überlegte, ob ich von Stuttgart nach München, Köln, Hamburg oder Berlin ziehen wollte. Damals war ich bereits selbstständig und hatte einen Auftrag in Aachen. Also fuhr ich häufig mit dem Zug von Stuttgart nach Aachen, mit Umstieg in Köln. Eines Tages stand ich am Bahngleis, schaute mir den Kölner Dom und die Menschen an. Dort entstand der Wunsch, nach Köln zu ziehen, was ich am 1. Februar auch tat. Eine Woche später war Karneval. Als Karnevalsmuffel interessierte mich das Ganze nicht, doch ich beschloss, mir „das mal anzuschauen" und ging an Weiberfassnacht unverkleidet auf den Neumarkt, um dort einen Kaffee zu trinken. Ich glaube, ich habe nur mit offenem Mund dagesessen und mich immer wieder gezwickt, um zu spüren, ob ich wach bin oder träume. Außer mir waren alle verkleidet, haben gesungen und getanzt. Vier Jahre später bin ich vom „Karnevalsmuffel" zum „Karnevalsfan" geworden. Nicht dem „Hey, wir saufen uns die Hucke voll und liegen zwei Stunden später unter dem Tisch-Karneval", sondern dem „Lass uns singen, schunkeln, ein Kölsch trinken und die Lebenslust spüren-Karneval". Ich habe den Verdacht, dass einige Menschen dies tatsächlich nur einmal im Jahr machen und dann maßlos übertreiben. Holen Sie die Lebenslust in Ihren Alltag. Feiern Sie sich und feiern Sie das Leben. Genießen Sie es! Frei nach dem Lied der Kölner Band Höhner: „Lust auf Leben – Lust auf Liebe – Lust auf Lust! Lust auf Bratkartoffeln und ´nen fetten Kuss!" Mein Tipp: Sollten Sie zum Kölner Karneval gehen wollen, kommen Sie an Weiberfastnacht. Seien Sie früh da und genießen Sie es!

Übung „Mein Leben feiern"

Wann haben Sie das letzte Mal sich selbst gefeiert? Ihre Erfolge? Ihr Leben? Wann haben Sie das letzte Mal Lebenslust gespürt?
Schreiben Sie mindestens 5 Ereignisse/Begegnungen auf.

....

....

....

....

....

Wann haben Sie sich das letzte Mal für einen Erfolg, eine gute Leistung belohnt? Was genau haben Sie sich geschenkt?

....

....

Schreiben Sie mindestens 15 Dinge auf, die Sie begeistern, Sie motivieren, auf die Sie Lust haben und die Sie gerne machen. Wichtig ist, dass Sie diese alleine machen können und nicht abhängig von anderen sind:

....	....
....	....
....	....
....	....
....	....
....	....
....	....
....	....

Jetzt schreiben Sie mindestens 15 Dinge auf, die Sie begeistern, Sie motivieren, auf die Sie Lust haben und die Sie gerne machen UND NUR mit anderen zusammen machen können:

....	....
....	....
....	....
....	....
....	....
....	....
....	....
....	....

5.3 Und täglich grüßt das Murmeltier

Seit fünfzehn Jahren haben Sie den gleichen Arbeitgeber. Fast jeden Morgen gehen Sie um 7 Uhr aus dem Haus und kommen um 18 Uhr wieder heim. Seit 30 Jahren wohnen Sie im selben Haus, in derselben Stadt. Sie gehen seit zehn Jahren jeden Freitag in die gleiche Kneipe. Jeden Sonntag kommen die Eltern zum Essen. Seit 18 Jahren sind Sie verheiratet. Seit zehn Jahren fahren Sie in den gleichen Urlaubsort. Essen gehen Sie nur in die Pizzeria um die Ecke … Es kann sein, dass es bei Ihnen so ist und Sie sich wohl fühlen. Dann ist es gut! Es kann allerdings auch sein, dass Sie irgendwann aufwachen und an den Film denken „Und täglich grüßt das Murmeltier“ (USA 1993, Regie Harold Ramis). Phil Connors (gespielt von Bill Murray) sitzt in einer Zeitschleife in dem Ort Punxsutawney/Pennsylvania fest. Er durchlebt albtraumhaft wieder und wieder denselben Tag – den 2. Februar, der Tag des Murmeltiers. Dieser beginnt um 6 Uhr morgens im Bett seines Hotelzimmers mit dem gleichen Ton des Radioweckers – immer wieder aufs Neue.

Es kann auch in Ihrem Leben sein, dass Sie merken, alles wird zur Routine. Wie sagte ein Coaching-Klient zu mir: „Ich mutiere immer mehr zum Roboter.“ Ist es bei Ihnen ebenso? Wenn ja:

Leben Sie Ihr Leben oder lebt Ihr Leben Sie?

Lassen Sie nicht zu, dass das Murmeltier Sie täglich grüßt! Bringen Sie neuen Schwung in Ihren Alltag. Motivieren Sie sich selbst, indem Sie Neues erleben und Unbekanntes in Ihr Leben lassen!

23 Tipps:

1. Vereinbaren Sie mit Ihren Freunden, dass bei den nächsten Treffen jeweils eine Person in der Gruppe entscheidet, in welche Kneipe sie gehen. Voraussetzung ist, dass es eine Kneipe ist, wo die Person bisher noch nie war.
2. Fahren Sie einen neuen Weg zur Arbeit. Steigen Sie eine Weile um vom Auto auf die S-Bahn. Schwingen Sie sich auf das Fahrrad oder laufen Sie, wenn es die Strecke erlaubt.
3. Probieren Sie ein neues Restaurant aus.
4. Verbringen Sie den nächsten Urlaub in einem Land, wo Sie noch nie waren.

5. Machen Sie einen Wochenendtrip mit Ihrer Familie oder Freunden in eine Stadt, in der Sie noch nie waren.
6. Gehen Sie alleine einen Kaffee trinken, auch wenn Sie sich das normalerweise nie trauen würden.
7. Sprechen Sie innerhalb der nächsten 14 Tage eine Person an, die Sie nicht kennen – sei es im Café, in einer Kneipe, auf der Straße, beim Einkaufen.
8. Probieren Sie einen neuen Supermarkt aus.
9. Stellen Sie die Möbel in Ihrer/m Wohnung/Haus um oder kaufen sich neue. Dekorieren Sie neu. Kaufen Sie sich neue Bilder und verkaufen oder werfen Sie die weg, die seit acht Jahren an Ihrer Wand hängen. Streichen Sie die Wände neu.
10. Misten Sie Ihren Kleiderschrank aus. Alles, was Sie innerhalb eines Jahres nicht getragen haben, verschenken Sie, werfen es weg oder geben es der Altkleidersammlung. Kaufen Sie sich mindestens ein neues Kleiderstück. Aber nicht WIE IMMER das blaue Hemd, den grauen Rock oder die bequemen Schlapper. Nein, gehen Sie bummeln und kaufen Sie etwas Neues. Als Frau kaufen Sie ein Kleid oder einen Rock. Spüren und genießen Sie Ihre Weiblichkeit. Gehen Sie in einen Laden, in dem Sie noch nie zuvor waren.
11. Entdecken Sie Ihre Stadt! Gehen Sie bewusst in einem Viertel der Stadt spazieren, wo Sie noch nie oder schon lange nicht mehr waren.
12. Gehen Sie in ein Museum in Ihrer Stadt, in dem Sie noch nie waren oder machen Sie eine Stadtführung mit, auch wenn Sie denken, Sie kennen schon alles.
13. Kaufen Sie sich eine CD von einer Gruppe, die Sie nicht kennen. Oder ein Buch, dessen Autor Ihnen unbekannt ist.
14. Gehen Sie Tanzen in einem Club, den Sie nicht kennen.
15. Lernen Sie Tango tanzen oder Salsa. Sie denken, Sie haben kein Taktgefühl? Machen Sie es trotzdem!
16. Melden Sie sich zu einem Kurs an. Sei es Malen, Kochen, Nähen, Singen, Schreiben …
17. Fahren Sie in einem Rennfahr-Taxi die Nürburgring-Nordschleife.
18. Buchen Sie einen Tandem-Fallschirmsprung.
19. Wann haben Sie das letzte Mal den Regen auf Ihrer Haut gespürt? Spannen Sie das nächste Mal nicht sofort den Regenschirm auf, sondern genießen Sie den Regen!

20. Bringen Sie Ihre Sexualität wieder in Schwung! Probieren Sie Neues aus. Kaufen Sie sich gemeinsam ein Buch mit Tipps, ein Video, Spielzeug, schöne Wäsche ... Lassen Sie sich beraten, zum Beispiel im Lady's Toys in Köln. Spannend für Frauen und Männer.
21. Für Singles: Sprechen Sie eine fremde Frau, einen fremden Mann an. Denken Sie daran: Ein Nein haben Sie immer, ein Ja können Sie sich holen!
22. Sie langweilen sich seit 15 Jahren in der gleichen Firma. Bewerben Sie sich auf einen neuen Job, ohne zu kündigen. Somit können Sie in Ruhe wieder in die Bewerbungsverfahren eintauchen.
23. Machen Sie etwas, was Sie noch nie gemacht haben!

Beantworten Sie folgende Fragen:

Übung „Raus aus der Routine"

Was in meinem Leben ist für mich zur Routine geworden?

....

....

In welchen Bereichen fühle ich mich wie ein Roboter?

....

....

Wenn ich den Mut hätte, jetzt etwas zu ändern, was würde ich tun?

....

....

Was brauche ich, um diese Änderung jetzt durchzuführen?

....

....

Welche 3 neuen Dinge werde ich innerhalb der nächsten 3 Wochen umsetzen?

....

....

....

Wer wird mich daran erinnern und nachfragen, ob ich es getan habe (Partner, Freunde, Kollegen ...)

....

....

Es gibt so viele Möglichkeiten, Neues in Ihr Leben einzuladen. Fangen Sie an!

5.4 Der „Katastrophen-Tag"

Eine Coaching-Klientin erzählte mir: „Ich hatte einen dieser fürchterlichen Tage. Morgens wachte ich mit Kopfschmerzen auf. Im Büro teilte mir meine Chefin mit, dass meine Überstunden nicht ausgezahlt werden. Meine Kollegin leerte eine Tasse Kaffee über mein neues Kleid. Auf dem Weg nach Hause hielt ich an einer Autobahnraststätte. Keine fünf Minuten war ich weg, doch in der Zeit wurde mein Auto aufgebrochen. Laptop und Handtasche mit Handy und Geldbeutel waren gestohlen!" Jeder von uns kennt diese Tage. Es ist, als ob wir das Schild umhaben: „Heute sind Katastrophen willkommen." Wir denken, jetzt kann es nicht noch schlimmer kommen, doch es kommt noch schlimmer. Ich habe meine Klientin gefragt, was sie gemacht hat. Sie sagte: „Nachdem ich Kreditkarten und Handy gesperrt habe, bin ich nach Hause gefahren. Ich stellte mich vor den Spiegel und sagte mir: „NEIN, du lässt dich nicht unterkriegen. Danach habe ich mir Musik eingelegt und meinen ganzen Frust von der Seele getanzt." Sie hat es geschafft, sich selbst nach so einem Tag zu motivieren und sich nicht von den Umständen, vom „Katastrophen-Tag", unterkriegen zu lassen.

Übung „Hilfe beim „Katastrophen-Tag"

Wann haben Sie das letzte Mal aus Ihrer Sicht einen „Katastrophen-Tag" in Ihrem Leben erlebt? Erinnern Sie sich?

....

....

Schreiben Sie auf, was alles passiert ist. Was war es genau, wodurch dieser Tag für Sie unangenehm wurde. Welche Menschen waren daran beteiligt? Wo genau ist was genau passiert?

....

....

....

....

....

....

....

Wie sind Sie mit der Situation umgegangen?

....

....

....

Was hat Ihnen in dem Augenblick geholfen? Wie haben Sie sich selbst motiviert, um weiterzumachen?

....

....

....

Im Nachhinein betrachtet, was hätten Sie anders machen können? Was hätte Ihnen noch geholfen?

....

....

....

Legen Sie die Antworten in Ihre Schatzkiste. Wenn Sie das nächste Mal einen „Katastrophen-Tag" haben, schauen Sie sich an, was Ihnen geholfen hat. Was Sie motiviert hat. Setzen Sie es wieder ein. Sollte es nicht helfen, stellen Sie sich wieder die Fragen und schreiben sich die Antworten auf.

5.5 Meine wichtigsten Menschen, die mich motivieren

Manche Menschen sind wie Laternen auf einem langen dunklen Weg.
Sie machen ihn nicht kürzer, aber ein wenig heller.

Verfasser unbekannt

Gibt es Menschen in Ihrem Umfeld, die für Sie sehr wichtig sind? Die Sie motivieren und von denen Sie motiviert werden? Es kann sein, dass dies Ihre Familie ist, Freunde, Kollegen, Nachbarn, Vorgesetzte, Lehrer ... Wer ist es bei Ihnen? Werden Sie sich dessen bewusst.

Übung „Motivationsfreundschaften“	
Die 9 wichtigsten Menschen, die mich in meinem Leben motivieren, sind:	
1.	6.
2.	7.
3.	8.
4.	9.
5.	

Weshalb sind diese so wichtig für mich:

1.	6.
2.	7.
3.	8.
4.	9.
5.	

Was ist es genau, was diese Menschen für mich machen?

1.	6.
2.	7.
3.	8.
4.	9.
5.	

Was motiviert mich daran?

1.	6.
2.	7.
3.	8.
4.	9.
5.	

Was ist es genau, was ich für diese Menschen mache?

1.	6.
2.	7.
3.	8.
4.	9.
5.	

Was motiviert mich dazu?

1.	6.
2.	7.
3.	8.
4.	9.
5.	

5.6 Energievampirfreundschaften

Ein Leben ohne Freunde ist kein Leben, wie behaglich und gesichert es auch sein mag.
Wenn ich Freunde sage, meine ich Freunde. Nicht irgendwer, nicht jeder kann dein Freund sein.
Es muss jemand sein, der dir so nah ist wie deine Haut, jemand, der deinem Leben Farbe, Dramatik, Bedeutung verleiht. Irgendetwas jenseits der Liebe, das dennoch Liebe mit einschließt.

Henry Miller

Vielleicht hatten Sie den Impuls, bei der vorherigen Übung zuerst Ihre guten Freunde einzutragen. Vielleicht haben Sie bei genauerem Betrachten festgestellt, dass nicht alle auf der Liste Sie motivieren. Im Gegenteil, dass diese

Menschen Ihnen die Motivation nehmen. Sie fühlen sich nach den Treffen nicht frisch und gut aufgetankt, sondern leer und müde. Dann haben Sie eine „Energievampirfreundschaft“! Entweder Sie schauen sich an, weshalb Sie diese Freundschaft nicht motiviert oder inspiriert und klären dies, oder Sie lösen sich davon.

Übung „Energievampirfreundschaften“

Habe ich Energievampirfreundschaften in meinem Umfeld? Wenn ja, wer?

....

....

Was ist es, was mich an diesem Menschen hält?

....

....

Weshalb bin ich bereit, dafür den Preis zu zahlen, dass ich mich danach energielos und müde fühle?

....

....

Was kann ich tun, um dies zu ändern?

....

....

5.7 „Danke für …“

Dankbarkeit entfesselt die Fülle des Lebens.
Sie verwandelt das, was wir haben, in genug und mehr.
Sie verwandelt Leugnen in Annehmen,
Chaos in Ordnung, Verwirrung in Klarheit,
sie kann eine einfache Mahlzeit in ein Festessen verwandeln,
ein Haus in ein Heim, einen Fremden in einen Freund.
Dankbarkeit gibt unserer Vergangenheit einen Sinn,
bringt Frieden in unsere Gegenwart
und schafft eine Vision für die Zukunft.

Melodie Beatty

Vor einiger Zeit hat meine dreijährige Nichte zu mir gesagt, ich soll ihr etwas bringen. Ich fragte sie: „Wie heißt das Zauberwort?" Worauf sie sagte: „Simsalabim." Natürlich hatte ich auf das Wort „Bitte" gewartet. Wir werden erzogen, die Wörter „Bitte" und „Danke" zu sagen. Wie oft wird es gesagt als Floskel oder aus Reflex. Wie oft wird es vergessen. Ich lade Sie ein, es heute ganz bewusst zu tun. „Danke" – ein kleines Wort mit großer Wirkung! Sich und andere anzuerkennen für das, was schon da ist. Für das, was wir von uns und anderen erhalten haben.

Seit einigen Jahren schreibe ich am Ende des Jahres einen Jahresrückblick. Darin reflektiere ich: Wie war das Jahr für mich? Was habe ich getan, was mir Freude gemacht hat? Was habe ich gut gemacht? Was war schön, was hat mir nicht gefallen? Was möchte ich ändern? Was hat mich motiviert? Wofür bin ich mir selbst dankbar?

Dabei denke ich auch an Menschen, mit denen ich meine Zeit verbracht habe. Mit Familie, Freunden, Geschäftspartnern, Kunden ... Ich frage mich: Wer war wichtig für mich? Was habe ich mit dem Menschen erlebt? Was habe ich gelernt? Ich bedanke mich bei den Menschen, die mich das Jahr über begleitet haben. Die mir wichtig waren.

Wann haben Sie das letzte Mal „Danke" gesagt? Danke zu den Menschen, die Sie lieben. Die Ihnen wichtig sind. Von denen Sie gelernt haben. Wann haben Sie das letzte Mal in den Spiegel geschaut und der Person, die Sie dort sehen, Danke gesagt?

Sollte Ihnen nichts einfallen, empfehle ich Ihnen das Video von Nick Vujicic![2] Nick arbeitet als Motivationsredner. Als Folge einer Fehlbildung wurde er ohne Arme und Beine geboren. Trotz seiner Behinderung übt er verschiedene Sportarten aus und reist gerne. Ich bin mir sicher: Wenn Sie das Video gesehen haben, gibt es mindestens einen Punkt, den Sie aufschreiben können, für den Sie dankbar sein dürfen.

2 www.youtube.com/watch?v=v4uG2kSdd-4

Übung „Danke“

Wann habe ich mir das letzte Mal selbst „Danke“ gesagt und wofür?

....

....

Welchen Personen in meinem Leben bin ich dankbar?

....

....

Wann habe ich mich das letzte Mal bei diesen Menschen bedankt?

....

....

Schreiben Sie diesen Menschen einen Brief, eine Mail, eine SMS oder rufen Sie sie an. Sagen Sie „Danke“ für all das, wofür Sie wirklich dankbar sind.

....

....

Für was bin ich noch dankbar in meinem Leben?

....

....

Ich bin mir selbst dankbar für

....

....

Gehen Sie jetzt vor einen Spiegel und sagen Sie sich selbst laut, wofür Sie sich selbst dankbar sind. Schreiben Sie sich einen Brief und bewahren Sie diesen in Ihrer Schatzkiste auf. Lesen Sie ihn sich immer wieder durch. Schreiben Sie immer wieder neu auf, wofür Sie dankbar sind. Teilen Sie immer den Menschen, die Sie lieben, mit, für was Sie ihnen dankbar sind.

Erkennen und anerkennen Sie das, was Sie getan und erhalten haben. Über ein ehrlich gemeintes „Danke“ freut sich jeder und es zeigt Respekt. Denken Sie dabei auch an sich selbst, das motiviert und unterstützt! Paulo Coelho dankt auch denen, die ihm vielleicht auf den ersten Blick hin gesehen nicht gut getan haben:

Ich danke allen, die meine Träume belächelt haben.
Sie haben meine Phantasie beflügelt.

Ich danke allen, die mich in ihr Schema pressen wollten.
Sie haben mich den Wert der Freiheit gelehrt.

Ich danke allen, die mich belogen haben.
Sie haben mir die Kraft der Wahrheit gezeigt.

Ich danke allen, die nicht an mich geglaubt haben.
Sie haben mir zugemutet, Berge zu versetzen.

Ich danke allen, die mich abgeschrieben haben.
Sie haben meinen Mut geweckt.

Ich danke allen, die mich verlassen haben.
Sie haben mir Raum gegeben für Neues.

Ich danke allen, die mich verraten und missbraucht haben.
Sie haben mich wachsam werden lassen.

Ich danke allen, die mich verletzt haben.
Sie haben mich gelehrt, im Schmerz zu wachsen.

Paulo Coelho

TIPP

Wenn gar nichts hilft, die Welt es schlecht mit Ihnen meint, dann stellen Sie sich vor einen Spiegel. Lesen Sie sich diesen Text laut vor – so lange, bis Sie Dankbarkeit fühlen.

5.8 Zusammenfassung 5. Kapitel Selbstmotivation

Selbstmotivation ist für Sie wichtig, denn dadurch gestalten Sie aktiv Ihr Leben. Sie sind unabhängig von äußeren Einflüssen.

Wenn Sie alle Übungen durchgeführt haben, wissen Sie, was Ihre Motivatoren sind. Wo Ihre Lebenslust steckt. Welche Beziehungen Ihnen Energie geben und nehmen. Weshalb Dankbarkeit wichtig für Sie sein kann.

Wie geht es Ihnen jetzt mit Ihrer Selbstmotivation?

Was haben Sie erkannt?

....

....

Was haben Sie erfahren?

....

....

Was haben Sie erlebt?

....

....

---

6 Selbstgelassenheit

Die erste Bedingung, um mit anderen in Frieden leben zu können, ist die, mit sich selbst in Frieden zu sein.

Aristide Gabelli

In dem Wort Gelassenheit steckt das Wort „lassen“. Wer loslässt, hat zwei Hände frei! Was nützt es Ihnen, wenn Sie zwei volle Koffer mit all Ihren Dingen in den Händen haben und nicht von der Stelle kommen? Was dürfen Sie loslassen, um die Gelassenheit zu erlangen, um wieder zwei freie Hände zu haben?

Damit Sie am eigenen Körper erfahren, was ich damit meine, machen Sie folgende Übung:

Übung: „Die Freiheitsstatue“ – Teil 1

Nehmen Sie einen Wecker zur Hand. Stellen Sie diesen auf 10 Minuten. Danach stellen Sie sich aufrecht hin. Spannen Sie Ihren Po so fest wie möglich an. Den Bauch drücken Sie nach innen. Die Brust raus. Legen Sie ein „Dauergrinsen“ auf. Eine Hand geht senkrecht in die Höhe. Genauso wie bei der Freiheitsstatue in New York. Laufen Sie jetzt in genau dieser Anspannung 10 Minuten durch den Raum.

Wie? Sie sind schon wieder beim Buch? Waren es tatsächlich 10 Minuten oder nur „gefühlte“ 10 Minuten? Wenn nein, machen Sie weiter. Im Alltag machen Sie es doch genauso. Sie halten durch. Sie tun Dinge, obwohl sie schmerzhaft sind und Sie EIGENTLICH keine Lust mehr haben. Doch Sie tun es. Vielleicht fällt es Ihnen schon gar nicht mehr auf. Vielleicht sind Sie die Schmerzen schon gewohnt. Haben Sie durchgehalten?

Übung: „Die Freiheitsstatue" – Teil 2

Stellen Sie sich wieder aufrecht hin. Spannen Sie Ihren Po so fest wie möglich an. Den Bauch drücken Sie nach innen. Die Brust raus. Legen Sie ein „Dauergrinsen" auf. Eine Hand geht senkrecht in die Höhe. Genauso wie bei der Freiheitsstatue in New York. Laufen Sie jetzt in genau dieser Anspannung zehn Minuten durch den Raum.
Und jetzt – beide Arme nach oben, dabei tief einatmen. Während des Ausatmens alle Spannung loslassen, Arme fallen lassen und in sich versinken.
Spüren Sie das Kribbeln in Ihren Muskeln und Gelenken?

Übung: „Was strengt mich an?"

Was ist es, was mich in meinem Leben stresst? Sind es bestimmte Personen oder Umstände? Schreiben Sie alles auf, was Ihnen einfällt.

....

....

....

....

....

....

....

6.1 Ich bin dann mal entspannt

„Wenn ich einen Tag in einer Besprechung bin und meine E-Mails nicht geprüft habe, liegen mir oft über 100 Stück vor. Danach noch die Mailbox am Festnetz, Firmenhandy und privaten Handy abhören. Vor 21 Uhr gehe ich nie aus der Firma. Es sei denn, ich muss abends noch in eine andere Stadt, wo am nächsten Tag bereits das nächste Meeting stattfindet. Aus diesem Grund lese ich oft während der Besprechungen meine Mails. Meine zwei kleinen Kinder sehe ich fast nur am Wochenende." Diese oder ähnliche Aussagen höre ich von vielen berufstätigen Menschen. Immer unter Strom. Viele Menschen sind frustriert und ausgelaugt. Die bekannte Kommunikationswissenschaftlerin Prof. Dr. Miriam Meckel beschreibt in ihrem Buch „Brief an mein Leben: Erfahrungen mit einem Burnout“, wie sie das Burnout-Syndrom dazu gezwungen hat, innezuhalten. Viele Menschen sind emotional erschöpft, bis hin zur Depression. Einige steigen aus. Wie Hape Kerkeling, der nach einem Hörsturz den Jakobsweg gegangen ist. In seinem bekannten Buch „Ich bin dann mal weg“ schreibt er über diese Erfahrungen.

Angenommen Sie fahren seit Jahren auf Hochtouren. Wenn dann jemand zu Ihnen sagt: „Entspann Dich doch mal und setze Dich still hin“, dann ist das, als ob Sie mit Ihrem Auto 250 km/h fahren und jemand haut die Handbremse rein. Bei einigen Menschen geschieht es durch plötzliche Krankheiten. Doch wenn dies bei Ihnen nicht der Fall ist und Sie merken, Sie möchten von 250 km/h runter kommen, empfehle ich Ihnen, am Anfang auf 200, 150, 120, 90 zu reduzieren bis dahin, wo Sie stehen möchten. Es heißt nicht, dass Sie nie wieder 250 km/h fahren dürfen, doch permanent bei dieser Geschwindigkeit ist anstrengend. Sie müssen sich bei dieser Geschwindigkeit stark konzentrieren. Und Sie verpassen die kleinen und oft bedeutsamen Dinge am Wegesrand, die Sie so nicht sehen können.

Mein Kollege Prof. Dr. Lothar Seiwert ist Experte Nr. 1 in Sachen Zeitmanagement und hat ein Buch herausgegeben mit dem Titel: „Wenn du es eilig hast, gehe langsam.“ Das heißt: Entschleunigen Sie! Schritt für Schritt weniger PS!

Kennen Sie das? Die besten Ideen kommen, wenn Sie gelassen sind. In der Badewanne oder Sauna. Beim Spazieren gehen oder in der Hängematte. Selten, wenn Sie verbissen oder gestresst sind. Einige Firmen haben sich diese Erkenntnis zu Nutzen gemacht. Es gibt Ruheräume, in denen jeder Mitarbeiter einen zwanzigminütigen „Powernap“ machen kann. Power heißt Kraft und nap bedeutet Nickerchen. Durch einen kurzen Schlaf ausruhen, zu neuer Kraft und neuer Energie finden!

TIPP

Probieren Sie es aus! Erlauben Sie sich eine Mittagspause. Gehen Sie spazieren an der frischen Luft. Gönnen Sie sich und Ihrem Körper Sauerstoff. Bewegung regt die Durchblutung an. Die vermehrte Durchblutung des Körpers wirkt entspannend auf das vegetative Nervensystem.

Mein Bruder sagt, bei zwei Schwestern, die viel reden, sei er mit „blutigen Ohren“ aufgewachsen. Er kann es bis heute kaum glauben, dass ich tatsächlich vor einigen Jahren für vier Wochen im Schweigekloster war. Dort habe ich abwechselnd eine Stunde im Gehen meditiert und eine Stunde im Sitzen. Bis zu 16 Stunden am Tag. Zum Ende hin war ich gelassen und entspannt, was allerdings nicht anhielt. Doch Spannung und Entspannung gehören zum Leben. Bedeutsam ist hierbei, eine gute Balance zu finden und zuzulassen.

Wichtig ist, für Sie herauszufinden, welche Hilfsmöglichkeiten für Ihre Entspannung gut sind. Sport ist eine sehr schnelle und hilfreiche Methode. Was machen Sie gerne? Ist es das Joggen, Nordic Walking, Tennis spielen, Inlineskaten, Fahrrad fahren, Trampolinspringen, Golfen, Schwimmen oder Boxen? Haben Sie schon einmal Bogenschießen versucht? Es fördert die Konzentration und ist aus meiner Sicht eine gute Mischung aus Anspannen und Entspannen. Oder gehen Sie gerne spazieren? Gehen Sie in den Wald oder an einen See. Genießen Sie die Natur. Gehen Sie in die Stille. Egal, was Sie machen, wichtig ist, dass Sie es regelmäßig tun.

Vielleicht ist Ihnen Yoga lieber, Autogenes Training, Muskelentspannung nach Jacobsen, Qi Gong oder Tai Chi. Haben Sie schon einmal meditiert? Es kann sein, dass einige von Ihnen jetzt das klassische Bild eines meditierenden Menschen im Kopf haben, der ruhig am Boden sitzt und die Augen geschlossen hat. „Das ist nichts für mich“, höre ich von vielen. Doch es gibt verschiedene Arten der Meditation. Es gibt Meditationen, bei denen Sie sich bewegen. Probieren Sie es aus!

TIPP

Nehmen Sie sich bewusst eine Auszeit! Schreiben Sie ein „Heute geschlossen“-Schild und hängen es auf. Machen Sie sämtliche Telefone, Handys, PCs, das Radio und den Fernseher aus. Legen Sie sich in die Badewanne oder auf das Sofa. Hören Sie entspannende Musik. Legen Sie eine Entspannungs-CD mit einer geführten Meditation ein. Wann haben Sie sich das letzte Mal Zeit genommen um zu fantasieren, zu träumen? Machen Sie Atemübungen. Hören und fühlen Sie bewusst Ihren Atem. Legen Sie Ihre Lieblings-CD ein und tanzen Sie. Machen Sie ein Mittagsschläfchen. Gehen Sie in die Sauna. Gönnen Sie sich einen Tag in einer Wellnessoase. Lassen Sie sich massieren. Duschen Sie ganz bewusst. Stel-

len Sie sich vor, dass das Wasser all Ihre Anspannung wegfließen lässt. Gehen Sie mit Ihrem Lieblingsbuch in ein schönes Café. Schreiben Sie Tagebuch. Beten Sie. Machen Sie Musik! Malen Sie! Es geht nicht darum, Picasso zu werden, sondern darum, zu malen. Singen Sie. Auch hier gilt: Sie sollen nicht gleich eine CD aufnehmen, sondern singen. Keine Sorge, es schaut und hört niemand zu! Das ist für Sie alleine gedacht! Lesen Sie ein schönes Buch.

Treffen Sie Menschen, die Sie mögen. Gönnen Sie sich ein gutes Restaurant oder kochen Sie gemeinsam. Haben Sie Spaß! Gehen Sie in eine Kneipe, ins Kino, schauen Sie sich einen guten Film zu Hause an. Genießen Sie mit Ihrem/r Partner/-in Sexualität. Fahren Sie ein Wochenende ans Meer und lauschen Sie dem Meeresrauschen. Fahren Sie in die Berge und wandern Sie.

Egal was Sie machen – genießen Sie es! Jeden Augenblick. Nehmen Sie alles bewusst wahr. Machen Sie ein Bild von sich zur Erinnerung und schauen Sie es sich immer wieder an, wenn Sie in einer besonders stressigen Situation sind.

Wie entspannen Sie? Wie werden Sie gelassener? Finden Sie es heraus!

Übung „Was entspannt mich?“

5 Dinge, die mich entspannen, sind:

....

....

....

....

....

Wann habe ich zum letzten Mal diese 5 Dinge gemacht?

....

....

....

....

....

Legen Sie das Ergebnis in Ihre Schatzkiste. Immer wenn Sie es vergessen haben oder merken, Sie sind am oberen Limit Ihrer Kräfte, haben Sie Wahlmöglichkeiten. Selbstverständlich können Sie immer Neues hinzufügen und streichen.

6.2 Ich erschaffe mir meine Welt, wie sie mir gefällt

Auf Dauer nimmt die Seele die Farbe Deiner Gedanken an

Marc Aurel

Ein befreundetes Paar von mir ist umgezogen. Ich rufe beide hintereinander auf dem Handy an. Zuerst erreiche ich den Mann. Ich frage, wie alles läuft. Er beschwert sich, wie hart alles ist, die Küche ist noch nicht da, sie können nicht kochen. Nichts ist an seinem Platz, noch so viel zu tun – schrecklich! Eine Minute später rufe ich die Frau an. Sie schwärmt, wie herrlich die neue Wohnung ist. Sie kochen auf dem Campingkocher. Alles ist so abenteuerlich und romantisch. Beide sind in der exakt selben Situation, doch jeder erlebt sie anders.

Wählen Sie Ihre Gedanken, so wie Sie Ihre Kleider auswählen. Es sind nicht die Umstände, die Sie belasten, sondern Ihre Gedanken!

Viele Menschen sind gefangen von den eigenen Vorstellungen, Konzepten und Erwartungen. Sie sitzen in einem Gefängnis. Sie merken gar nicht, dass die Tür offen ist, so sehr sind sie damit beschäftigt, dass sie nun in einem Gefängnis sitzen. Wie sagte Angelus Silesius: „Dein Kerker bist Du selbst. Die Welt, die hält dich nicht. Du selber bist die Welt, die Dich in Dir mit Dir so stark gefangen hält." Machen Sie sich nicht zum Opfer Ihrer Gedanken. Bleiben Sie nicht im Gefängnis sitzen. Gehen Sie hinaus, die Tür ist auf. Fangen Sie an, Ihre Gedanken zu beobachten und nicht, Ihre Gedanken zu sein. Es gibt verschiedene Bilder, die Ihnen dabei helfen können: Stellen Sie sich vor, Ihre Gedanken sind wie Wolken am Himmel. Sie kommen und sie gehen. Lassen Sie Ihre Gedanken ziehen. Oder Sie stehen am Bahnhofsgleis. Ein Zug ist vor Ihnen. Darin sind Ihre Gedanken. Diese fahren weiter, doch Sie springen nicht auf den Zug auf. Ein weiteres gutes Bild finden Sie in der folgenden Gedankenübung:

ÜBUNG

Sie glauben von sich: „Ich bekomme nie einen Arbeitsplatz, der mir Spaß macht." Stellen Sie sich eine Theaterbühne vor. Zuerst stehen Sie auf der Bühne. Sie haben das Schild um: „Ich bekomme nie einen Arbeitsplatz, der mir Spaß macht." Sie gehen in den Zuschauerraum. Von dort aus beobachten Sie die Bühne. Sie sehen sich dort oben mit dem Schild stehen.

Sie sind der Regisseur und nicht das Theaterstück, nicht Ihre Gedanken! Was machen Sie auf der Bühne? Welche Personen sind noch mit auf der Bühne und helfen Ihnen, diesen Gedanken aufrechtzuerhalten. Weil Sie diesen Gedanken haben, suchen Sie sich bewusst oder unbewusst die dafür passenden Menschen heraus.

TIPP

Fangen Sie an, Ihr Leben, sich selbst und Ihre Gedanken zu beobachten. Es kann sein, dass, wenn Sie mit dem Gedanken „Ich bekomme nie einen Arbeitsplatz, der mir Spaß macht" durchs Leben gehen, Sie immer wieder Menschen antreffen, die Ihnen dies bestätigen. Diese Menschen sind im Grunde genommen Schauspieler, die Sie – als Regisseur – engagiert haben. Diese Leute müssen genau das tun, was auf Ihrem Schild steht. Wenn Sie das, was auf dem Schild steht, ändern, können andere „Schauspieler" bzw. andere Menschen auf die Bühne, denn das Stück wurde ja geändert. Doch vorher nicht!

Kennen Sie den Film „Vanilla Sky" (USA 2001, Regie Cameron Crowe) mit Tom Cruise (David), Penélope Cruz (Sofia) und Cameron Diaz (Julie). Hier eine Kurzbeschreibung des Inhaltes: Der attraktive und wohlhabende Lebemann David Aames hat fast alles, was man sich wünschen kann. Bei der bezaubernden Sofia hat er das erste Mal in seinem Leben das Gefühl, der wahren Liebe begegnet zu sein. Doch ein Autounfall, der aus einer Kurzschlussreaktion seiner eifersüchtigen Gespielin Julie resultiert, verändert Davids Leben. Auf Grund seines entstellten Gesichtes zieht er sich zurück und ist nur noch ein Schatten seiner selbst. Eine Szene in diesem Film finde ich besonders spannend: David sitzt in einer Bar mit vielen Menschen. Er wird angesprochen von einem Mann, der ihn fragt: „Wie wäre es, wenn Sie alles kontrollieren können, was Ihnen in den Sinn kommt? Anscheinend plaudern die Menschen um Sie herum und Sie denken, es hat nichts mit Ihnen zu tun." David: „Am liebsten wäre es mir, wenn jetzt alle die Klappe halten." Prompt sind alle still und David ist irritiert.

Stellen Sie sich vor, Sie könnten wirklich über Ihr Leben bestimmen, auch über die anderen „Schauspieler auf der Bühne". Was wäre, wenn Ihre Gedanken wirklich Ihre Außenwelt gestalten könnten? Wie innen, so außen? Wie außen, so innen?

Übung „Meine Gedanken als Gestalter meiner Welt“

Nehmen Sie ein Blatt Papier. Schreiben Sie jetzt 30 Minuten lang alle Ihre Gedanken auf. Egal was es ist. Wenn Sie denken: „Was soll denn der Mist“, dann schreiben Sie es auf. Wenn Sie denken: „Ich brauche noch Waschmittel“, dann schreiben Sie es auf. Alle Gedanken, die kommen, bringen Sie zu Papier.

6.3 Humor ist, wenn man trotzdem lacht!

Lächeln wirkt auf Schwierigkeiten wie die Sonne auf Wolken – es löst sie auf.

Sri Aurobindo

Vor einigen Jahren war ich als Beraterin in Bonn tätig. Da ich in Stuttgart lebte, pendelte ich zwischen Stuttgart und Bonn. Nach einer 60-Stunden-Woche ging ich am Freitagabend zu meiner inzwischen verstorbenen Mutter. Sie war schwer krank. Mitten in der Nacht wurde ich geweckt. Sie bekam keine Luft mehr. Während ich mich anzog, habe ich den Notarzt angerufen, eine Bekannte getröstet und meine Mutter unterstützt. Fix und fertig fragte ich im Krankenhaus den Arzt: „Wo kann ich hier bitte einen Kaffee bekommen?!" Der meinte nur: „Die Cafeteria macht erst in ein paar Stunden auf!" Völlig am Ende schaute ich meine Mutter an: „Mensch, Mamuschka, und das alles ohne Kaffee!" Sie war bis dahin nicht ansprechbar und völlig apathisch. Plötzlich fing sie an, laut zu lachen. Es ging ihr wieder besser. Der Arzt schaute seltsam, doch meine Mutter und ich hatten Spaß! Auch in schweren Momenten kann ein Lächeln helfen!

In manchen Firmen habe ich den Eindruck, dass die Menschen dort „zum Lachen lieber in den Keller gehen"! Es geht nicht darum, dass alle „dauerstoned mit einem chakaaaa Lächeln" durch die Bürogänge laufen sollen. Sondern, dass sie Situationen, die verhärtet sind, mit einer Prise Humor begegnen können. Seien Sie weder zynisch, respektlos oder bewertend. Sondern zeigen Sie Wertschätzung und Respekt.

Das Leben mit einem Lächeln zu sehen, hilft, eine wunderbare Distanz zu den Dingen zu bekommen und selbstgelassener zu werden. Sie sind dann nicht mehr das Problem, sondern das Problem ist neben Ihnen. Wie sagte Goethe: „Ein Problem zu lösen heißt sich vom Problem zu lösen!" Ein Lächeln hilft dabei. Sie sehen nicht mehr alles so verkrampft. Nicht immer geht es, doch oft wird zu wenig gelächelt. Die Hormonausschüttung der Endorphine, die beim Lachen stattfindet, beeinflusst das Nervensystem positiv. Ein Kunde von mir erzählte, dass er in der Karibik im Urlaub war. Dort sah er ein T-Shirt mit der Aufschrift: „Same Shit, other Island". Frei übersetzt: „Gleiche Probleme, andere Insel". Vor den Problemen wegzulaufen ist nicht möglich. Doch Sie können Ihre Haltung ihnen gegenüber verändern.

Schauen Sie sich einen lustigen Film an. Treffen Sie sich mit humorvollen Menschen. Erzählen Sie sich Witze, die Sie selbst noch nicht kennen. Lächeln Sie fremde Leute an und Sie werden verwundert sein, wie viele zurück lächeln. Gehen Sie in ein lustiges Theaterstück. Oder schauen Sie sich witzige Kabarettisten wie zum Beispiel Eckart von Hirschhausen an. Bei Ina's Nacht im NDR gibt es auch immer etwas zu lachen. Erkunden Sie, was Sie zum Lachen bringt, und machen Sie es. Auch wenn es schwerfällt.

Was bringt Sie zum Lachen?

....

....

....

....

....

6.4 „Mitten im Winter habe ich erfahren, dass es in mir einen unbesiegbaren Sommer gibt."

Jeder hat sie. Fast niemand mag sie. Sie gehören zum Leben dazu! Ab und an kommen sie wie ein Vulkanausbruch mit aller Gewalt. Ich spreche von Krisen und Veränderungen! Sei es Krankheit, Arbeitsplatzverlust, Tod, Mobbing, Geldmangel, Scheidung ... Jeder kennt diese Situationen, in denen wir das Gefühl haben, den Boden unter den Füßen zu verlieren. Wie sagte neulich eine Seminarteilnehmerin: „Ich frage mich noch heute, wie ich das geschafft habe. Ich wusste nicht, wie stark ich sein kann, wenn ich muss!" Albert Camus hat den schönen Spruch in der Überschrift gesagt, der uns daran erinnern soll, dass jeder von uns einen „Winter" und einen „Sommer" in sich hat.

Es gibt Ereignisse im Leben, bei denen jeder von uns sich fragt: WARUM? Warum muss mir das passieren? Warum ist der Kunde abgesprungen? Warum hat mich mein/e Partner/-in verlassen? Warum ist die Person gestorben? Warum werde ich nicht befördert? Warum schikanieren mich meine Kollegen?

Warum ... Warum ... Warum ...

Ich glaube, dass alles im Leben seinen Sinn hat. Auch wenn ich nicht alles verstehe und viele Ereignisse auf der Welt mich zum Schweigen bringen, so glaube ich doch fest daran. Mir geht es jetzt darum zu schauen: Was ist das Gute an Situationen in Ihrem Leben, die auf den ersten Eindruck für Sie schrecklich sind?

Nehmen wir das Beispiel der Björn-Steiger-Stiftung. Auf dem Heimweg vom Schwimmbad wird Björn Steiger von einem Auto erfasst. Passanten alarmieren sofort nach dem Unglück Polizei und das Rote Kreuz. Trotzdem dauert es fast eine Stunde, bis der Krankenwagen eintrifft. Björn stirbt nicht an seinen Verletzungen, er stirbt am Schock. Für die Eltern ein unfassbar schlimmes Ereignis. Was haben sie gemacht? Anstatt daran zu zerbrechen, haben sie eine Stiftung gegründet. Die Björn-Steiger-Stiftung[1] engagiert sich seit über 40 Jahren für das Rettungssystem in Deutschland. Dadurch konnten sie viele andere Menschenleben retten. Natürlich wird ihr Björn nicht wieder lebendig – ich bin mir sicher, sie denken auch heute noch häufig an ihn. Aber haben sie etwas Gutes aus ihrem harten Schicksal entstehen lassen.

Ein anderes Beispiel ist Peng Shuilin. Er wurde 2007 von einem Lastwagen überfahren. Der 38-Jährige erlitt so schwere Verletzungen, dass ihm die Ärzte beide Beine und einen Teil des Rumpfes amputieren mussten. Doch er gab nicht auf. Er eröffnete ein Lebensmittelgeschäft mit dem Konzept: „Halber Mann – halber Preis“. Ein Arzt meinte: „Er ist erstaunlich und mit Sicherheit der einzige Patient, der nach einer solch schweren Amputation überlebt hat. Sein großes Geheimnis ist seine Fröhlichkeit, nichts betrübt ihn.“ Er hat etwas Gutes aus seinem Schicksal gemacht.

Prof. Dr. med. Christoph Student[2] hat ebenfalls einen schweren Schicksalsschlag erlitten. 1980 ist eines seiner Kinder verstorben. Daraufhin gründete er 1984 die Arbeitsgruppe „Zu Hause sterben“. Dies wurde zugleich der erste Ambulante Hospiz-Dienst in Deutschland. Er hat wesentliche Pionierarbeit bei der Entwicklung und Etablierung der Hospiz- und Trauerarbeit in Deutschland sowie der Forschung auf diesem Gebiet geleistet. Zu den Schwerpunkten

1 Nähere Informationen finden Sie unter www.steiger-stiftung.de.

2 www.christoph-student.homepage.t-online.de

der Arbeit gehörten auch Praxis- und Forschungstätigkeit in der Begleitung von Familien mit einem tödlich erkrankten Kind (Kinder-Hospiz-Arbeit). Die Arbeitsgruppe hat, angeregt durch die Sterbeforscherin Elisabeth Kübler-Ross, maßgebliche Konzepte für die Aus-, Fort- und Weiterbildung im Bereich von Sterben, Tod und Trauer entwickelt und erfolgreich erprobt. Somit hat er vielen Menschen geholfen, leichter in den Tod zu gehen oder den Tod eines geliebten Menschen zu ertragen.

Wenn Sie eine Krise erleben oder eine Veränderung, die Sie schmerzt, helfen die Kraftquellen aus Ihrer Schatzkiste (siehe 1. Kapitel). Es kann auch sehr hilfreich sein, sich Hilfe von außen zu holen. Durch einen Arzt, Therapeuten, Coach, eine Gruppe ...

Denken Sie daran, egal, wie schlimm Ihre Lebensphase ist: Es geht vorbei! Alles geht vorbei im Leben. Es mag sein, dass, wenn Sie einen lieben Menschen verloren haben, Sie Ihr Leben lang daran denken werden, doch die schlimmen Schmerzen wie am Anfang des „Vulkanausbruches" werden sich verändern. Gerade weil ich selbst viel Tod in meinem Umfeld erlebt habe, kann ich es sagen und bestimmt erlebt es jeder anders. Doch es verändert sich.

Lassen Sie uns ein Beispiel aus dem beruflichen Umfeld anschauen. Ein Seminarteilnehmer von mir hat seinen Arbeitsplatz von heute auf morgen verloren. Der Chef hat ihm gekündigt. Am Anfang war er deprimiert und wusste nicht, wie es weitergehen soll. Irgendwann hat er angefangen, sich zu fragen, ob er wirklich diesen Job noch haben möchte. Heute ist er dankbar für die Kündigung. Er hat heute eine neue Arbeit, die er sehr liebt und die ihm Spaß macht. Er hat mehr Zeit für sich und seine Familie. Er ist glücklich. Eine andere Seminarteilnehmerin erzählte, dass sie monatelang wegen einer Krankheit im Krankenhaus war, mit anschließender Reha. Sie hatte viel Zeit, über ihr Leben nachzudenken und was sie wirklich will. Heute lebt sie bewusster, achtet mehr auf sich und ist dadurch glücklicher.

Wenn Ihr persönlicher Winter vorbei ist und Sie ganz leicht den Sommer wieder in sich spüren, dann fragen Sie sich, was war das Gute daran? Was kann ich aus dieser für mich schweren Lebensphase lernen?

....

....

....

....

....

....

....

Einatmen — Ausatmen — Weiterleben

Genau in dem Augenblick, als die Raupe dachte, die Welt geht unter, wurde sie zum Schmetterling.

Peter Benary

Die Aufräumarbeiten Ihres Winters sind vorbei. Vielleicht waren Sie eingeschneit und Sie müssen zuerst die Reparaturarbeiten am Haus durchführen. Wenn ja, ist es völlig in Ordnung, dass dies erst einmal Angst macht. Dass es anstrengend ist. Mut kostet. Dass es schmerzhaft und mühevoll ist. Und Sie ängstlich sind. Das ist alles in Ordnung und normal. Atmen Sie! Unser Atem ist die Quelle des Lebens. Atmen Sie bewusst, ein und aus. Seien Sie freundlich mit sich. Seien Sie liebevoll mit sich selbst. Gerade in Zeiten der Veränderung und Krisen ist dies besonders wichtig. Seien Sie achtsam. Schenken Sie sich Geduld. Fritz Perls sagte: „Don't push the river, it flows by itself.“ Frei übersetzt: Schiebe nicht den Fluss an, er fließt von alleine! Erlauben Sie sich selbst, dass Neues entstehen darf. Atmen Sie ein — Atmen Sie aus — Leben Sie weiter!

6.5 Zusammenfassung 6. Kapitel Selbstgelassenheit

Selbstgelassenheit ist für Sie wichtig, damit Sie die innere Ruhe haben, Wichtiges von Unwichtigem zu unterscheiden. Sie sehen klarer, welche nächsten Schritte für Sie die Richtigen sind. Sie können bewusst entscheiden, wie Sie Ihre Energien einsetzen.

Wenn Sie alle Übungen durchgeführt haben, sind Sie sich bewusst, wie Sie Ihre Energie in stressigen Situationen verschwenden und was Ihnen Energie zurückgibt. Sie erfahren, wie Ihre Gedanken Ihre Welt gestalten. Wie Sie durch eine positive Einstellung zu Krisen gestärkt daraus hervorgehen.

Wie geht es Ihnen jetzt mit Ihrer Selbstgelassenheit?

Was haben Sie erkannt?

....

....

Was haben Sie erfahren?

....

....

Was haben Sie erlebt?

....

....

---

7 Selbstverantwortung

Sei der, der du bist, nicht mehr, nicht weniger, aber der sei!

Peter Altenberg

Ende der 90er Jahre habe ich in einem Konzern gearbeitet. Eines Tages wurde mir bewusst, wie oft Kollegen/-innen und Vorgesetzte zu mir sagten: „Dafür bin ich nicht verantwortlich." Punkt — Erledigt — Thema beendet! Faszinierend, da die Aufgabe oft in deren Arbeitsfeld gehörte und sie „eigentlich" hätten Verantwortung übernehmen sollen. Doch diese wollten viele nicht. Es hätte ja sein können, dass sie für die Konsequenz ihrer Handlung einstehen müssten. „Dafür kann ich nichts"; „So ist es nun mal eben"; „Schuld sind die anderen!" Dies ist doch viel einfacher als zu sagen: „Ja, ich übernehme dafür die Verantwortung"; „Ja, ich kümmere mich darum"; „Ja, ich kläre das!"

Was vor allem in Ihrer Hand liegt, ist Ihr Leben. Übernehmen Sie hierfür die Verantwortung!

7.1 „Ach ich arme Sau"

Wenn es gar so dunkel ist in deinem Leben, sieh doch einmal nach, ob es nicht am Ende daher kommt, dass alle deine Fensterläden zu sind.

Johannes Kepler

„Ich kann doch nichts dafür, dass meine Kollegen alle besser bezahlte Jobs haben als ich. Die kennen halt die Chefin gut. Wenn ich mit der Golf spielen würde, hätte ich auch bessere Chancen"; „Mein Partner ist eben so. Da kann man nichts machen"; „Die Zeiten sind halt so schlecht. Wie soll man da noch eine gute Arbeitsstelle bekommen!" Kennen Sie Menschen, die immer jammern? Wegen des Jobs, der Familie, Kollegen, Nachbarn, des Chefs, der Stadt, Deutschland und der ganzen Welt. Alles ist furchtbar. Diese Menschen haben das Steuer auf ihrem Boot ihrem „Opferanteil" überlassen. Alle anderen sind schuld, nur ich selbst nicht. Sehr einfach, anderen, den Goldmaries, die Schuld für das eigene Unglücklichsein zu geben.

Übung „Pechmarie und Goldmarie"

Die Pechmarie

Beginnen Sie, sich selbst zu erzählen, wie schlecht es Ihnen geht. Erzählen Sie sich, was schlecht ist in Ihrem Leben. Was nicht funktioniert. Was Sie verloren haben. Sagen Sie sich selbst, dass es keinem so schlecht geht wie Ihnen. Lassen Sie Ihre Schultern nach vorne fallen. Gebückter Gang. Gehen Sie in die „Selbst-Mitleids-Jammerstellung". Übertreiben Sie maßlos. Nie klappt etwas. Alles ist schlecht. Keiner mag Sie. Alles ist gegen Sie. Die ganze Welt ist ein Jammertal. Nur Negatives passiert hier. Alles ist furchtbar. Machen Sie diese Übung mindestens 5 Minuten. Danach bleiben Sie ruhig stehen. Wie geht es Ihnen? Wie fühlt sich Ihr Körper an?

....

....

....

....

Die Goldmarie

Beginnen Sie, sich selbst zu erzählen, wie klasse es Ihnen geht. Erzählen Sie sich alles, was gut ist in Ihrem Leben. Was funktioniert. Was Sie alles gewonnen haben. Sagen Sie sich selbst, dass Sie der allerbeste Mensch der Welt sind. Nehmen Sie eine gerade, aufrechte Haltung ein. Schulter nach hinten. Ein Lächeln im Gesicht. Übertreiben Sie maßlos. Alles ist super, klasse, genial, toll. Alle lieben Sie. Die ganze Welt ist ein einziger Platz der Freude und Liebe. Nur Positives geschieht hier. Alles ist so unbeschreiblich schön. Machen Sie diese Übung mindestens 5 Minuten. Danach bleiben Sie ruhig stehen. Wie geht es Ihnen? Wie fühlt sich Ihr Körper an?

....

....

....

....

Mit dieser Übung sind Sie von einem Extrem ins andere gegangen. Welches Extrem ist Ihnen leichter gefallen? Wenn Sie ein übertriebener Schwarzseher sind, ist es spannend, die andere Seite zu betrachten. Wenn Sie ein „Immer-durch-die-rosa-Brille-Seher" sind, ist es ebenfalls spannend, sich die andere Seite anzuschauen. Wichtig ist, dass beide Seiten in Ordnung sind, solange man neugierig ist und nicht darin stecken bleibt.

Wie erging es Ihnen mit dieser Übung?

....

....

....

Auf die Frage „Wie geht es Dir?“ kommt häufig die Antwort: „Man muss halt.“ Hier frage ich mich immer wieder: Wer ist **man**?

Wenn Sie von sich selbst erzählen, hören Sie auf, von **man** zu sprechen. Sagen Sie klar: „Ich habe“, „Ich erlebe“, „Ich fühle“, „Ich denke“ ... Stehen Sie zu sich, Ihren Gefühlen, Ihrem Erleben, Ihren Gedanken, zu sich selbst.

„Ich trage in meinem Leben die Verantwortung für mich selbst.“ Ich bin verantwortlich für mich, mein Denken, mein Handeln und mein Fühlen! Selbstverantwortung zu übernehmen, heißt Entscheidungen zu treffen. Die Konsequenz, die sich daraus ergibt, zu tragen!

Übung „Von der „armen Sau“ in das eigenverantwortliche Handeln!“

Was ist mein Anteil daran, dass es mir nicht gut geht, dass ich eine „arme Sau“ bin?

Beispiel:

Ich sage meinem Chef nicht immer direkt, was ich brauche, sondern ich hoffe, dass er endlich anerkennt, was ich leiste.

....

....

....

....

Wie kann ich diesem Teil in mir, der sich machtlos anfühlt, dabei helfen, wieder in seine eigene Kraft zu kommen?

Beispiel:

Wenn ich den Mut habe, ihm klar zu sagen, was ich brauche, wenn ich Grenzen setze und für mich einstehe, dann wäre ich vielleicht nicht mehr so unzufrieden. An sich macht mir mein Job Spaß, doch die vielen Überstunden und dass mein Chef nie Zeit für mich hat, stört mich.

....

....

....

....

Wie kann ich dem machtlosen Teil in mir helfen? In dem ich mir selbst wieder Macht gebe. Ich lerne jetzt, wie ich selbstbewusst werde. Ich stehe jetzt für mich, meine Bedürfnisse, meine Wünsche und meine Gefühle ein. Vielleicht klappt es nicht sofort, doch ich will es beginnen. Ich lobe mich für die Fortschritte und tröste mich für die Rückschritte. Meine Schatzkiste hilft mir dabei!

Übung: „Ich Muss-Druck"

Kennen Sie das: Sie machen sich selbst oft unnötig Druck und denken „Ich muss noch dies und das machen?" Wenn ja, hilft diese Übung, den Druck wegzunehmen.
Schreiben Sie bitte 3 Dinge auf, die Sie glauben tun zu müssen:
Beispiel:
„Ich muss der/die Beste im Team sein."

....

....

....

Lesen Sie sich Ihre Sätze mehrmals durch. Wie fühlt sich das an?
Beispiel:
„Ich fühle mich überfordert."

....

....

....

Formulieren Sie jetzt die gleichen Sätze mit „Ich entscheide mich für …, weil …":
Beispiel:
„Ich entscheide mich dafür, Experte in meinem Gebiet zu sein, weil mir Zufriedenheit und angemessener Energieaufwand wichtig sind."

....

....

....

....

....

....

Wie fühlt es sich jetzt an?
Beispiel:
„Ich bin etwas entspannter. Der Druck von „müssen“ ist weg. Ich kann selbstverantwortlich entscheiden, wie viel ich investiere. Ich kann andere auch Experten sein lassen.“

....

....

....

....

....

....

Quelle: Dipl. Psych. Rainer Schmitt, München: „Training Selbstverantwortung“, www.rainer-schmitt-training.de

7.2 Der Rucksack ist so schwer

Wir alle haben unseren Rucksack zu tragen. Dieser ist voll mit Erlebnissen und Ereignissen, auch denen, durch die wir Schmerz und Leid erfahren haben. Da das Erlebte oft zu schmerzhaft ist, wird die Erinnerung daran tief in den Rucksack verstaut. Oft so tief, dass es nicht mehr sichtbar ist. Doch auch wenn es nicht mehr sichtbar ist, ist es da. Das kann dazu führen, dass Menschen unbewusst Dinge tun und nicht wissen, weshalb. Zum Beispiel reagierte ein Coaching-Klient von mir extrem verängstigt, als es darum ging, dass er nach dem Willen seines Chefs die Leitung und somit die Verantwortung von einem großen Projekt übernehmen sollte. Auf der einen Seite wollte der Coaching-Klient dies schon lange, doch etwas hielt ihn davon ab. Im Laufe des Coachings erzählte er mir, dass er mit einem alkoholkranken Vater und drei kleineren Geschwistern aufgewachsen ist. Er hat sehr früh Verantwortung für die jüngeren Geschwister übernommen, sie angezogen, Hausaufgaben betreut und Geschichten vorgelesen, wenn die Eltern sich stritten. Doch es war laut seinem Vater nie gut, wie er es machte. Er bekam viel Schläge und Vorwürfe. Bei solchen Ereignissen bin ich sehr achtsam und empfehle gute Therapeut/-innen. Doch in dem Fall hat es dem Coaching-Klient geholfen, darüber zu reden. Sich bewusst zu machen, dass er in seinem Rucksack ein Ereignis mit sich trug, das schon lange her ist. Er dachte, sobald er wieder

Verantwortung übernimmt, wird er diese sowieso nie gut genug erfüllen – also lieber keine Verantwortung. Inzwischen hat er die Leitung des Projektes übernommen und es macht ihm viel Spaß.

Bestimmt haben einige von Ihnen auch sehr leidvolle Ereignisse erlebt. Ich mache für mich selbst, seit ich 17 Jahre alt bin, regelmäßig Seminare – inzwischen über 25 Jahre. Glauben Sie mir, in dieser Zeit habe ich von Schicksalen gehört, die mich zum Schweigen brachten. Und auch ich habe meinen Rucksack mit ein paar bewegenden Erlebnissen. Doch diese haben mich gleichzeitig stark gemacht.

Vielleicht sagen Sie jetzt, dass das Erleben des Coaching-Klienten für Sie weit weg ist und es in Ihrem Leben andere Probleme gibt. Das kann ich gut verstehen. Doch vielleicht hat Sie diese Geschichte genauso berührt wie mich. Vielleicht hilft sie Ihnen dabei jetzt anzufangen, über Ihr eigenes Leben nachzudenken. Ihren eigenen Rucksack anzuschauen. Die Kraft, die Sie durch das Tragen Ihres schweren Rucksackes entwickelt haben, zu sehen. Sich selbst und den Weg, den Sie bisher bereits gegangen sind, anzuerkennen. Wieder ein Ziel vor Augen zu haben. Ein klein wenig den vorgezogenen Schleier nach hinten zu ziehen, um Ihr Glück besser zu sehen. Um „Ja" zum Leben sagen zu können!

Übung „Der schwere Rucksack wird leichter"

- Welche Ereignisse in meinem Leben haben meinen Rucksack schwer gemacht?

Beispiel:

Von klein auf musste ich mich um meine Geschwister kümmern. Es war mir oft zu viel. Ich hätte lieber Fußball gespielt, anstatt die Hausaufgaben meiner Geschwister zu beaufsichtigen.

....

....

....

- Welche Personen haben mir den Rucksack schwer werden lassen?

Beispiel:

Mein Vater. Wenn er betrunken nach Hause kam und uns angeschrien hat. Auch wenn ich gute Noten hatte, hat er mich nie gelobt. Alles war für ihn selbstverständlich, was ich tat. Er interessierte sich nicht für mich. Ich konnte mich anstrengen, soviel ich wollte, es war nie gut genug.

....

....

....

- Was habe ich aus den Situationen und von diesen Personen gelernt? Welche Talente habe ich dadurch entwickelt?

Beispiel:

Mich haut so schnell nichts um. Ich bin sehr kraftvoll und wenn andere in der Firma bereits aufgeben, habe ich noch viele Reserven. Ich kann gut Verantwortung übernehmen. Da ich viele Geschwister hatte und viel koordinieren musste, kann ich gut organisieren. Weil ich es meinem Vater immer beweisen wollte, hatte ich sehr gute Noten. Ich bin der Einzige in der Familie, der studiert und sogar einen Doktortitel erworben hat.

....

....

....

Erkennen Sie, dass selbst für Sie schlimme Situationen in Ihrem Leben etwas Positives gehabt haben. Es kann sein, dass eine kleine Pflanze, die früh getreten wurde, entweder stirbt oder durch alle Widerstände und Stürme zu einem kraftvollen Baum heranwächst.

Anerkennen Sie sich selbst. Was Sie alles geleistet haben. Dass Sie der schwere Rucksack zu dem Menschen gemacht hat, der Sie heute sind.

Übung „Von der getretenen Pflanze zum kraftvollen Baum“

Ich empfehle Ihnen, diese Übung mit einem Menschen Ihres Vertrauens zu machen. Mit jemand, der Sie begleitet, für Sie da ist und Sie unterstützt! Nehmen Sie sich für diese Übung Zeit. Suchen Sie sich einen Ort, an dem Sie für eine Weile mit sich selbst in Ruhe sein können. Nehmen Sie Ihre Schatzkiste sowie einen Block und Stift mit, ein Stück roten Wollfaden ebenfalls. Mit diesem machen Sie im Raum eine Linie. Stellen Sie sich vor, dies ist Ihre

Lebenslinie. Eines der beiden Enden ist Ihre Vergangenheit. Etwas weiter vorne ist das „Jetzt“ und am anderen Ende des Fadens ist die Zukunft. Diese ist ungewiss und somit nicht abhängig von der Länge des Fadens. Stellen Sie sich als erstes auf Ihren „Jetzt“-Punkt.
Nehmen Sie Ihre Schatzkiste mit. Schauen Sie, wo Sie jetzt gerade in Ihrem Leben stehen. Was ist das Gute an Ihrem Leben. Halten Sie Ihre Schatzkiste in der Hand oder legen Sie diese sichtbar auf den Boden. Schauen Sie sich diese an. Was sehen Sie in Ihrer Schatzkiste? Vielleicht Ihre Lieblings-CD? Hören Sie in den Song, der Ihnen ein Lächeln auf die Lippen zaubert. Riechen Sie etwas? Es kann sein, dass Sie den Geschmack von Salz auf Ihren Lippen spüren, wenn Sie die Karte vom letzten Strandurlaub in den Händen halten. Erzählen Sie laut, wie Sie im Moment mit allen Sinnen das Gute in Ihrem Leben erleben. Wie drückt sich das gute Gefühl momentan in Ihrem Körper aus? Wo genau spüren Sie es und wie? Vielleicht haben Sie einen festen Halt. Sie spüren gut Ihre Füße. Kraftvoll und sicher stehen Sie da. Prägen Sie sich dies ein.
Legen Sie jetzt Ihre Schatzkiste sichtbar auf den Boden. Gerne können Sie eines Ihrer Lieblingsstücke in der Hand behalten. Haben Sie als Kind Zauberer, Zauberin, Hexe oder Fee gespielt? Wenn ja, stellen Sie sich vor, dass Sie in der anderen Hand einen Zauberstab mit magischen Kräften halten. Wenn nicht, dann stellen Sie sich jetzt vor, dass Harry Potter zu Ihnen kommt und Ihnen seinen eigenen Zauberstab leiht. Halten Sie den magischen Zauberstab in der Hand. Es ist ein besonderer Zauberstab. Dieser kann Licht ins Dunkel bringen. Er hat die Fähigkeit, heller als die Sonne zu strahlen. Er bringt Freude, Frieden und Liebe.
Dann wenden Sie Ihren Blick von dort aus auf den Punkt „Vergangenheit“. Bleiben Sie jedoch auf dem Jetzt stehen. Wenn Sie zurückblicken auf Ihr Leben, was sehen Sie? Was spüren Sie? Vielleicht sehen Sie sich als kleines Kind, wie Sie gespielt haben. Als Teenager mit der ersten großen Liebe. Als junge/r Frau/Mann bei der ersten Arbeitsstelle oder im Studium. Schauen Sie, was alles hochkommt. Es kann sein, dass es schöne Erlebnisse sind. Es kann auch sein, dass Erlebnisse hochkommen, die weniger schön waren. Die Sie verletzt haben. Jedes Mal, wenn eines dieser für Sie schlimmen Ereignisse hochkommt, nehmen Sie Ihren Zauberstab in die Hand. Sie erinnern sich, dieser kann heller als die Sonne strahlen. Er kann Licht ins Dunkel bringen. Schicken Sie dort in die dunklen Erlebnisse Ihrer Vergangenheit Licht, Freude, Frieden und Liebe. Egal. wie alt Sie damals

waren, jetzt sind Sie in Sicherheit. Jetzt haben Sie die Kraft, „Ihr früheres Selbst" an die Hand zu nehmen und vom Dunkel ins Licht zu führen. Sich selbst liebevoll in den Arm zu nehmen. Sich selbst Kraft, Trost und Liebe zu spenden. Lassen Sie sich selbst davon überraschen, was passiert. Wenn Sie fertig sind, spüren Sie noch einmal bewusst Ihre Füße, die Kraft, die davon ausgeht auf den „Jetzt"-Punkt. Danach schauen Sie zurück in die Vergangenheit. Was ist anders als zu Beginn der Übung? Was fühlen Sie? Wie erging es Ihnen mit der Übung?

....

....

....

Denken Sie daran, dass Sie jederzeit „Ihr früheres Selbst" besuchen können, es jederzeit trösten und mit ihm lachen können. Legen Sie den Zauberstab in Ihre Schatzkiste, mit der Gewissheit, diesen jedes Mal wieder holen zu können, wann immer er von Ihnen gebraucht wird.

Wer Verantwortung für sich selbst übernimmt, verlässt die Rolle des hilflosen Kindes. Sie nehmen damit sich selbst an die Hand und warten nicht darauf, dass es jemand anderes für Sie macht. Schließen Sie Frieden mit Ihrer Vergangenheit. Es geht nicht darum, dass Sie die für Sie traumatisierenden Erlebnisse „schwub di wub" wegzaubern, sondern darum, in Ihrer eigenen Zeit Licht ins Dunkel zu bringen. Liebevoll mit sich selbst zu sein. Achtsam, in Ihren eigenen Schritten, raus aus der Opferrolle, rein ins eigene Leben, in die Selbstverantwortung!

7.3 „Quäl Dich, Du Sau!"

Als sein Teamkapitän Jan Ullrich 1997 im gelben Trikot auf der 18. Etappe der Tour de France in den Vogesen schwächelte, feuerte Udo Bölts ihn mit dem Spruch an: „Quäl dich, du Sau!" Das Leben ist nicht nur Sonnenschein. Ab und an gibt es auf Ihrem Boot Regen, Gewitter und meterhohe Wellen. Teilweise ist es anstrengend und manchmal auch eine Qual. Harry Belafonte sagte: „Ich habe 30 Jahre gebraucht, um über Nacht berühmt zu werden." Sebastian Vettel ist mit 23 Jahren jüngster Formel-1-Weltmeister geworden. Beide wären nicht dort, wo sie heute sind, wenn sie nicht Fleiß, Disziplin und Durchhaltevermögen hätten.

Martina Schmidt-Tanger schreibt in ihrem Buch „Charisma-Coaching“: Die meisten Dinge, die gemacht werden müssen, sind ziemlich trivial, selbst große Innovationen und Ideen sind nur am Anfang spannend. In ihrer Umsetzung haben sie oft mit harter systematischer, manchmal frustrierender Arbeit zu tun. Vieles basiert auf Übung und Ausdauer.“

TIPP

Laden Sie Ihren „Disziplinanteil“ ein, wieder näher ans Steuer zu kommen. Holen Sie sich Ihre Schatzkiste hervor. Motivieren Sie sich selbst. Belohnen Sie sich für Dinge, die Sie gut gemacht haben. Für Ihren Fleiß. Doch bleiben Sie am Ball. Haben Sie das Ziel vor Augen! Ab und an hilft mit einem Lächeln der Spruch: „Quäl dich, du Sau!“

Übung „Disziplin“

In welchen Situationen in meinem Leben wünsche ich mir mehr Disziplin? Wann in meinem Leben hilft es mir ab und an, mit einem Lächeln „Quäl Dich Du Sau“ zu mir selbst zu sagen?

....

....

....

7.4 Das Glück kommt zu denen, die es erwarten. Halten Sie die Tür auf!

Viele Menschen sehnen sich nach Glück. Dabei merken sie nicht, dass sie die Tür krampfhaft verschlossen halten. Glück kommt und Glück geht. Das ist normal! Dr. med. Eckart von Hirschhausen hat es so schön gesagt: „Shit happens: Mal bist du die Taube, mal bist du das Denkmal.“ Oder wie sagte die Oma meiner Freundin Nicola: „Entweder hast Du den Löffel oder Du hast den Brei!“ Das Dauerglück gibt es nicht. Doch es gibt viele wunderbare Augenblicke des Glücks. Machen Sie sich diese in Ihrem Leben bewusst.

Was macht Sie glücklich?

Daniel R. Gygax ist weltweit gereist und hat vielen Menschen diese Frage gestellt. 100 Antworten hat er in dem Buch „Was macht Sie glücklich?“ aufgeschrieben.

Übung „Glück“

Schreiben Sie auf „Glücklich macht mich …“:

....

....

....

....

....

Mich selbst machen gute Filme glücklich. Einer davon ist „Das Glücksprinzip“ (USA 2000, Regie Mimi Leder) mit Kevin Spacey, Helen Hunt und Haley Joel Osment. Inhalt: Ein Junge wird von seinem Lehrer angespornt, die Welt zu verbessern. Kein leichtes Unterfangen, doch der junge Trevor hat eine besondere Idee: Das „Pay it Forward-Konzept“. Nach seinem Prinzip „Weitergeben“ soll man drei anderen Menschen etwas Gutes tun. Diese geben den Gefallen nicht zurück, sondern helfen ihrerseits jeweils drei anderen Menschen. So breiten sich die guten Taten nach dem Schneeballsystem immer weiter aus. Zitat aus dem Film: „Ich glaube, es ist schwierig für manche Menschen, die so daran gewöhnt sind, wie die Dinge eben sind, selbst wenn sie schlimm sind, sie zu ändern. Dann geben sie auf. Wenn sie das tun, dann verlieren alle.“

Gute Zitate machen mich ebenfalls glücklich:

> *Es ist schwer, das Glück in uns zu finden, und es ist ganz unmöglich, es anderswo zu finden.*
>
> *Nicolas Chamfort*

> *Glück ist ein kleiner Stern, der mitten in den Tag hinein fällt.*
>
> *Ruth W. Lingenfelser*

Glück ist, das mögen, was man muss, und das dürfen, was man mag.

Henry Ford

Das Glück im Leben hängt von den guten Gedanken ab, die man hat.

Marc Aurel

Dauerndes Glück ist Langeweile.

Oswald Spengler

Das Glück beruht oft nur auf dem Entschluss, glücklich zu sein.

Lawrence Durrell

7.5 Zusammenfassung 7. Kapitel Selbstverantwortung

Selbstverantwortung ist für Sie wichtig, damit Sie Ihr Leben eigenverantwortlich gestalten können. Sie entscheiden, wie Sie sich fühlen wollen. Was Sie aus Ihrer Lebenserfahrung machen, ob Sie diese unterstützt oder hindert.

Wenn Sie alle Übungen durchgeführt haben, erleben Sie sich in Ihrer Einstellung zu Freud oder Leid. Sie wissen, wie Sie die Perspektive wechseln können. Sie sind sich Ihrer Erfahrungen und deren Auswirkung auf Ihr Leben bewusst.

Wie geht es Ihnen jetzt mit Ihrer Selbstverantwortung?

Was haben Sie erkannt?

....

....

Was haben Sie erfahren?

....

....

Was haben Sie erlebt?

....

....

8 Selbstbestimmung

Wer einmal zu sich selbst gefunden hat,
der kann nichts auf dieser Welt mehr verlieren.

Stefan Zweig

Dass Sie um 18 Uhr zu Hause sein müssen, ist klar. Doch ob Sie lachend nach Hause gehen, schreiend, singend, brüllend, widerwillig, freudig, entspannt, auf allen Vieren, an der Hand von jemandem, alleine tanzend — das alles liegt in Ihren Händen! Übersetzt heißt das: Eines Tages werden Sie sterben, dass ist Fakt. Ob Sie bis dahin Ihr eigenes Leben leben oder das Leben, das Ihnen von Personen aufgezeigt wurde, ob Sie freudig leben, es als schwer erachten, ob Sie singen, lachen, tanzen oder brüllen, schreien, leiden … das liegt in Ihren Händen. Das können Sie selbst bestimmen. Jeden Augenblick neu!

Jeder von uns weiß, warum er hier ist, was seine Bestimmung ist. Tief in uns gibt es einen Teil, der dies ganz genau weiß. Allerdings ist unser System in Deutschland nicht für das Innehalten gemacht. In der Schule haben wir keine Fächer wie: „Was sagt Deine innere Stimme?“; „Was sind Deine Gaben?“; „Was willst Du erreichen im Leben?“; „Was ist für Dich wichtig?“; „Was fühlst Du?“ Manchmal braucht es seine Zeit, bis die Stimme laut und klar wird und wieder gehört werden kann. Ignorieren Sie diese nicht. Fangen Sie an zu lauschen. Bleiben Sie geduldig dran. Es lohnt sich!

8.1 Die innere Stimme als Wegweiser

Die innere Stimme ist unser Instinkt, der weiß, was gut für uns ist. Der uns lenkt und steuert. Das Problem ist, dass der Mensch einen Verstand hat, der alles, was der Instinkt sagt, „vernünftelt“. Das heißt: Wir glauben eher dem, was wir uns logisch erklären können, als dem, was unser Instinkt uns rät.

Übung „Die inneren Wünsche“

Angenommen, es geschieht heute Nacht ein Wunder und eine gute Fee kommt vorbei. Sie sagt: „Du hast 9 Wünsche frei“. Welche sind das für Sie?

1.	6.
2.	7.
3.	8.
4.	9.
5.	

Stellen Sie sich vor, es geschieht ein Wunder. Sie haben jetzt 9 Millionen Euro auf Ihrem Konto. Wie das Geld dorthin gekommen ist, sei es durch ein Geschenk oder einen Lottogewinn, ist egal. Was genau würden Sie mit dem Geld machen?

....

....

....

....

Übung „Von Verstand zum Instinkt“ – Partnerübung

Wählen Sie eine Ihnen vertraute Person. Machen Sie gemeinsam die Übung. Sie (A) und die Person (B) sitzen sich gegenüber. B achtet auf die Zeit. Diese wird vorab vereinbart. Empfehlenswert sind 10 Minuten.

1. Person B stellt Ihnen (A) Fragen.

Beispiel:

B: Was willst Du für eine Arbeitsstelle?

→ A: Eine, bei der ich viel Geld verdiene.

B: Was willst Du noch?

→ A: Spaß bei der Arbeit.

B: Frage: Was willst Du noch?

A: Ein Chef, der mir viel Freiheit lässt.

B: Was willst Du noch?

A: Einen Job in der Nähe, bei dem ich früh zu Hause bin, damit ich die Kinder vom Kindergarten abholen kann.

B fragt immer weiter: Was willst Du noch?

Wichtig für Person A:
Sie sagen, was Ihnen dazu einfällt. Nicht nachdenken, sondern spontan antworten, was gerade kommt. Vielleicht ist es immer wieder das Gleiche. Vielleicht entdecken Sie etwas Neues. Vielleicht fällt Ihnen nichts ein, dann sagen Sie: „weiter" (Frage wird wiederholt). Alles und nichts ist möglich. Es ist genauso richtig, wie es kommt. Bleiben Sie dabei. Achten Sie darauf, wie es Ihnen bei der Übung ergeht. Was für Gedanken und Gefühle und Situationen und Personen kommen auf? Alles ist wichtig! Person B kann die Antworten stichwortartig aufschreiben. Noch besser ist es, wenn eine dritte Person beobachtet, mitschreibt und danach Rückmeldung gibt.
Wichtig für Person B:
Die Frage genauso immer wieder stellen. Nichts hinzufügen oder weglassen. Dabei keine Kommentare abgeben. Ansonsten nichts sprechen. Wenn möglich nicht lächeln oder sonst eine Reaktion im Gesicht zeigen. Beobachten Sie die Reaktionen von Person A. Die Körpersprache, die Wortwahl sowie für Sie auffällige Reaktionen.
2. Rückmeldung
Person A: Schreiben Sie auf, welche Gedanken und Gefühle und Situationen und Personen Ihnen bei der Übung hochkamen oder malen es. Ja, Sie haben richtig gelesen: Malen Sie. Ich höre Sie antworten: „Was soll denn der Blödsinn?", „Ich kann nicht malen." Tun Sie es – tun Sie es, ohne nachzudenken. Malen Sie für sich! Denken Sie an IHR Bild.
Person B: Schreiben Sie auf, was Ihnen alles aufgefallen ist. Welche Worte wurden häufig wiederholt? Welche Gesten sind Ihnen aufgefallen? Bei welchen Themen hat A besonders schnell oder langsam gesprochen? Schreiben Sie all das auf, was Ihnen sonst noch aufgefallen ist.

....

....

....

....

....

....

....

....

....

....

3. Tauschen Sie sich untereinander aus. Jeder teilt das mit, was er möchte.

....

....

....

....

....

....

....

Übung: „Vom Verstand zum Instinkt" – alleine

Setzen Sie sich in die Natur oder zu Hause auf einen bestimmten Platz, wo Sie sich wohl fühlen. Schließen Sie die Augen und sagen Sie zu sich selbst: „Was will ich?" Sollte nichts kommen, ist das in Ordnung! Am Anfang ist dies ab und an der Fall. Sollte Ihr Verstand sagen: „Was soll der Blödsinn?", ist das auch in Ordnung. Die Gedanken kommen und gehen. Stellen Sie sich vor, die Gedanken sind wie ein Zug. Sie sehen, wie er einfährt, doch Sie steigen nicht auf. Sie sehen, wie der Zug wieder abfährt. Entspannen Sie sich. Alles darf sein! Spannend ist, was hoch kommt. Welche Erinnerungen, Gedanken, Gefühle. Schreiben Sie diese auf.

....

....

....

....

....

....

....

....

....

....

....

....

8.2 Die jungen Jahre prägen

Sie leben nicht, wie Sie eigentlich wollen,
sondern, wie Sie nun mal angefangen haben.

Seneca

Bereits als junges Mädchen war ich für mein Alter groß, größer als die meisten in meiner Klasse. Ich habe darunter gelitten. Aus diesem Grund bin ich oft mit eingefallenen Schultern, nach vorne gebeugt und mit eingeknickten Knien dagestanden. Die vierte Klasse habe ich, ohne übermäßig zu lernen, mit einem Notendurchschnitt von 1,6 abgeschlossen. Meine Eltern rieten mir, dass ich mit den Noten lieber nicht aufs Gymnasium gehen solle, sondern auf die Realschule. Das würde reichen. Meine Eltern haben mich liebevoll erzogen. Ich weiß, dass sie immer das Beste gegeben haben. Sie wollten mich mit einer langen Schule nicht unnötig quälen, da sie davon ausgingen, dass ich sowieso heiraten und Kinder bekommen würde — dafür bräuchte ich keinen guten Schulabschluss. Das war für ihr Verständnis und in unserem Umfeld normal. Als Zehnjährige war ich selbstverständlich noch stark unter dem Einfluss meiner Eltern und habe es so gemacht, wie sie mir empfohlen haben.

Dadurch habe ich zwei Sätze verinnerlicht, an die ich stark geglaubt habe (Glaubenssätze):

1. Ich bin körperlich nicht richtig. Ich bin zu groß und damit nicht normal. Um normal zu sein, muss ich mich kleiner machen.
2. Ich bin nicht gut genug. Ein Notendurchschnitt von 1,6 reicht nicht. Ich heirate, bekomme Kinder, arbeite nicht, mein Leben ist vorbestimmt.

Jahrelang war ich überzeugt, dass es so ist. Bis ich angefangen habe, mir Schritt für Schritt meine Glaubenssätze anzuschauen. Mir die Dinge anzuschauen, die mich daran hindern, meinen eigenen Weg zu gehen, meiner Bestimmung zu folgen. Irgendwann habe ich entdeckt, dass es viele Vorteile hat, 1,74 m groß zu sein. Und dass ich viel mehr kann, als ich dachte, obwohl ich kein Abitur habe und nicht studiert habe. Ich habe angefangen, neben meiner Arbeit Aus- und Weiterbildungen zu machen. Ich habe angefangen, mein eigenes Leben zu leben, mein Leben in die Hand zu nehmen. Meiner inneren Stimme zuzuhören und meiner Bestimmung zu folgen. Ich habe gelernt, dass ich viel mehr kann als ich dachte.

Was für Glaubenssätze aus der Kindheit haben Sie? Was wurde Ihnen mit auf den Weg gegeben? Was sagt Ihre „innere Stimme" heute dazu?

....

....

....

....

....

....

....

8.3 Es ist nie zu spät, eine gute Kindheit gehabt zu haben

Wenn ein Kind kritisiert wird, lernt es, zu verurteilen.
Wenn ein Kind angefeindet wird, lernt es, zu kämpfen.
Wenn ein Kind verspottet wird, lernt es, schüchtern zu sein.
Wenn ein Kind beschämt wird, lernt es, sich schuldig zu fühlen.
Wenn ein Kind verstanden und toleriert wird, lernt es, geduldig zu sein.
Wenn ein Kind ermutigt wird, lernt es, sich selbst zu vertrauen.
Wenn ein Kind gelobt wird, lernt es, sich selbst zu schätzen.
Wenn ein Kind gerecht behandelt wird, lernt es, gerecht zu sein.
Wenn ein Kind geborgen lebt, lernt es, zu vertrauen.
Wenn ein Kind anerkannt wird, lernt es, sich selbst zu mögen.
Wenn ein Kind in Freundschaft angenommen wird, lernt es, in der Welt Liebe zu finden.

Verfasser unbekannt

Sie sehen ein kleines Kind, wie es stürzt. Es fängt bitterlich an zu weinen. Was tun Sie? Die meisten von uns gehen zu dem Kind und trösten es. Nehmen es auf den Arm. Sprechen beruhigende Worte. Geben Wärme.

Wir alle haben in jungen Jahren Verletzungen erlebt. Körperlich und seelisch. In manchen Momenten war jemand da, der uns tröstete, in manchen Momenten nicht. Manche dieser Erinnerungen sind noch immer tief in uns gespeichert. Das kleine Mädchen/der kleine Junge, das „innere Kind" von einst ist noch immer in uns. Oft noch immer verletzt, traurig, ängstlich und enttäuscht. Seien Sie liebevoll mit sich, mit Ihrem „inneren Kind". Hören Sie zu, was es sagen will. Kümmern Sie sich. Seien Sie sich selbst „gute Eltern". Dazu gehört allerdings auch, dass das „innere Kind" nicht die Übermacht hat. Kennen Sie Menschen, die sehr trotzig sind? Neulich habe ich eine Unterhaltung im Café gehört. Sagt die eine Frau zur anderen: „Ich habe keinen Mann zu Hause, sondern einen kleinen rotzigen Jungen."

Anhand der Aussage der Frau ist es gut möglich, dass sie für ihren Mann die Rolle der Mutter übernommen hat und der Ehemann sich in der Rolle des Sohnes befindet. Es kann sein, dass beide durch ihre Kindheitserlebnisse nicht in der Lage sind, eine erwachsene Beziehung zu leben.

Welche Kindheitsereignisse beeinflussen Ihr Leben als Erwachsener?

Übung „Verletzung der Kinderseele heilen"

- An meine Kindheit habe ich folgende Erinnerungen:

Beispiel:
Im Schwimmunterricht war ich immer der Letzte. Meine Lehrerin und die ganze Klasse haben immer gelacht.

....

....

....

- Schön war an meiner Kindheit:

Beispiel:
Die Zeit, die ich in meinem Baumhaus verbracht habe. Ich habe mir vorgestellt, wie ich es den anderen heimzahlen werde. Wie ich ein berühmter Anwalt werde und alle verklage.

....

....

....

- Als Kind wurde ich geärgert, weil ...:

Beispiel:
... ich so langsam war und aufgrund meiner großen Nase.

....

....

....

- Damals hätte ich mir gewünscht:

Beispiel:
Dass jemand kommt, alle verprügelt oder sagt, sie sollen still sein.

....

....

....

- Geholfen hat mir:

Beispiel:
Ich bin zum Klassenclown geworden. Ich habe Witze erzählt. Sie haben über diese gelacht und weniger über mein Aussehen und meine Langsamkeit.

....

....

....

- Wo lebe ich heute noch diese verletzten Anteile?

Beispiel:
Wenn jemand irgendetwas zu meiner Nase sagt, dann gibt es von mir verbal so richtig eine zurück.

....

....

....

- Wie gehe ich heute mit meinem „inneren Kind“ um?

Beispiel:
Wie „inneres Kind“? Ich bin doch schon 45 Jahre alt.

....

....

....

- Was glaube ich, was heute mein „inneres Kind“ von mir braucht?

Beispiel:
Hm, habe ich mir noch nie Gedanken gemacht. Na ja, wenn ich es mir überlege, ich glaube, ich bin immer noch verletzt wegen der Demütigungen von damals. Das war echt heftig. Ich merke, wenn ich darüber rede,

fange ich an zu zittern. In der neuen Kanzlei, wo ich als Anwalt arbeite, machen sie jetzt auch wieder öfters Witze über meine Nase. Ich lasse dann ebenfalls ein paar Witze los und alle lachen. Doch glücklich bin ich darüber nicht. Ich wäre gerne entspannt, was mein Aussehen betrifft. Ich würde mich gerne mehr annehmen, so wie ich bin. Ja, und den anderen ernsthaft sagen, sie sollen das unterlassen, und nicht noch einen Witz dazugeben und so tun, als ob es mir egal ist.

....

....

....

....

....

- Was bin ich bereit, jetzt zu tun?

Beispiel:

Ich werde mich und meine Bedürfnisse ernster nehmen. Ich schaue mir den kleinen Kerl in mir nochmals an. Ich glaube, der ist oft noch auf dem Baumhaus und traurig. Ich spreche jetzt mit ihm und frage ihn, was er braucht, außer, dass ich alle verprügele und verklage.

....

....

....

8.4 Sterben werde ich an einem anderen Tag

Nirgendwo sonst war man dem Geheimnis Mensch so nahe wie auf der Schwelle zwischen Tod und Leben. Alle Verstellung, falsche Hoffnung und Selbstbetrug waren abgefallen wie Gewänder. Übrig blieb der nackte Mensch, häufig hässlich, erschreckend abstoßend, bisweilen bewundernswert schön – eine wahrhafte Entblößung. Was ist das Leben, was der Tod? Auf der Grenzlinie zwischen beiden Welten offenbaren sich die letzten Dinge deutlicher als anderswo, weil wir den wahren Wert der Dinge erst erkennen, wenn sie uns entgleiten. Die Farben des Paradieses, der Jugend und der Liebe – nie leuchten sie kraftvoller als nach ihrem Verlust.

E. W. Heine – „Die Raben von Carcassonne“

In unserer Gesellschaft ist das Sterben, der Tod ein Tabuthema. Wenn ich ab und an das Thema anspreche, merke ich bei vielen Menschen, wie sie zurück weichen, Angst haben. Viele möchten sich damit nicht auseinandersetzen. Blaise Pascal sagte: „Da die Menschen kein Heilmittel gegen den Tod, das Elend, die Unwissenheit finden konnten, sind sie, um sich glücklich zu machen, darauf verfallen, nicht daran zu denken." Als ich 20 Jahre alt war, starb mein Vater. Ich habe ihn in den Tod begleitet. Als ich 33 Jahre alt war ist meine Mutter gestorben. Auch sie habe ich in den Tod begleitet. Seither beschäftige ich mich intensiv mit dem Thema Tod. Dabei habe ich immer wieder von langjährigen Sterbebegleitern (Menschen, die andere auf dem Weg in den Tod begleiten) gehört, dass viele Menschen oft kurz vor ihrem Tod sagen: „Ach, hätte ich doch nur ..." Viele Menschen betrauern kurz vor ihrem Tod Dinge, die sie nicht gemacht haben.

Zum Selbstbewusstsein gehört auch das Bewusstsein, dass das Leben endlich ist. Dass Ihr Leben irgendwann vorbei sein wird. Der Gründer von Apple, Steve Jobs, sagte: „Der Tod ist die beste Erfindung des Lebens. Wenn Du weißt, dass Du morgen sterben kannst, gibt es keinen Grund mehr, nicht auf Dein Herz zu hören." Fangen Sie an, auf Ihr Herz zu hören!

Was sagt Ihr Herz? Was ist es, was Sie in Ihrem Leben unbedingt noch machen möchten, bevor Sie „den Löffel abgeben".

TIPP

Ich empfehle Ihnen, schauen Sie sich den Film „Das Beste kommt zum Schluss" (USA 2007, Regie Rob Reiner) mit Jack Nicholson und Morgan Freeman an. Mit jeder Menge (schwarzem) Humor wird die Geschichte von zwei sterbenskranken Männern erzählt, die noch einmal im Schnelldurchlauf all ihre Wünsche erfüllen wollen. Diese Wünsche schreiben sie auf ihre „Löffel-Liste" (was ich noch machen möchte, bevor ich den Löffel abgebe/sterbe). Marc Aurel schrieb: „Wie Du am Ende Deines Lebens wünscht, gelebt zu haben, so kannst Du jetzt schon leben." Es geht nicht darum, dass Sie jetzt sofort Ihren Job kündigen. Sich von Ihrer Partnerin oder Ihrem Partner trennen. Es geht darum, dass Sie sich bewusst machen, dass Ihr Leben irgendwann vorbei sein wird. Schauen Sie sich die Rede von Stacey Kramer an. Bewegend erzählt sie: „Das beste Geschenk, das ich je überlebt habe!"

Was wollen Sie vorher noch erLEBEN? Hierbei geht es nicht darum, Angst zu bekommen und nur noch an den Tod zu denken. Aus meiner Sicht sind folgende Übungen hilfreich, um lebenslustiger zu werden. Um selbstbewusst zu leben.

Machen Sie folgende Übungen mit viel Achtsamkeit. Wenn Sie merken, es wird Ihnen zu viel, dann machen Sie eine Pause. Legen Sie sich Ihre Schatzkiste daneben. Schauen Sie hinein. Es kann hilfreich sein, mit vertrauten Menschen darüber zu reden oder gemeinsam diese Übungen durchzuführen.

Übung „Löffel-Liste"

Schreiben Sie Ihre eigene „Löffel-Liste"
Bevor ich den „Löffel abgebe" — bevor ich sterbe —, möchte ich noch Folgendes erleben oder machen:

....

....

....

....

1 Jahr — 3 Monate — 1 Woche

Stellen Sie sich vor, Sie haben noch ein Jahr zu leben. Was würden Sie machen? Mit welchen Menschen würden Sie diese Zeit verbringen? Was wäre Ihnen wichtig? Was gibt es noch zu regeln in Ihrem Leben? Gibt es vielleicht Menschen, mit denen Sie noch etwas klären möchten? Würden Sie etwas bereuen, nicht getan zu haben? Schreiben Sie alles auf. Danach das Gleiche mit drei Monaten. Als nächstes schreiben Sie auf, was Sie machen würden, wenn Sie noch eine Woche zu leben hätten.
Angenommen, ich hätte noch ein Jahr zu leben, was würde ich machen?

....

....

....

....

Angenommen, ich hätte noch drei Monate zu leben, was würde ich machen?

....

....

....

....

Angenommen, ich hätte noch eine Woche zu leben, was würde ich machen?

....

....

....

....

Die letzten Stunden, bevor Sie sterben?

Stellen Sie sich vor, Sie haben noch ein paar Stunden zu leben. Was wünschen Sie sich, an was Sie denken? Wie wünschen Sie sich, dass Ihr Rückblick auf Ihr eigenes Leben aussieht?

....

....

....

....

Übung „Grabrede“

Eine weitere, sehr intensive Übung ist die eigene Grabrede. Vielen Menschen fällt diese Übung schwer. Wer beschäftigt sich schon gerne zu Lebzeiten mit der eigenen Beerdigung. Das ist normal. Doch probieren Sie es trotzdem aus. Stellen Sie sich vor, Sie sind gestorben. Wie hätten Sie gerne Ihre eigene Beerdigung? Welche Personen sollen anwesend sein? Was soll über Sie gesagt werden? Wenn Sie derjenige wären, der die Grabrede spricht, was wünschen Sie sich, was über Sie gesagt wird?

....

....

....

....

....

....

....

....

....

....

....

....

....

....

....

8.5 Es ist nie zu spät …

Es ist nie zu spät …
… fangen Sie an!

Udo Jürgens hat den Song geschrieben: „Mit 66 Jahren, da fängt das Leben an!" Hoffentlich Ihres schon früher – doch was er aus meiner Sicht sagen will, ist: Mit 66 Jahren gehören Sie noch lange nicht „zum alten Eisen"! Eine Coaching-Klientin von mir sagte: „Mit 54 Jahren will mich sowieso keiner mehr!" Wenn Sie das glauben, wird es auch so geschehen! In meinem Lieblingsbuchladen in Echterdingen gibt es eine Frau. Sie hat jahrelang als Verkäuferin dort gearbeitet. Irgendwann starb die Besitzerin und der Laden sollte verkauft werden. Mit 59 Jahren hat Frau Stelling nochmals von vorne angefangen, sich selbstständig gemacht und den Laden übernommen. Der „Echterdinger Buchladen" ist für mich eine Wohlfühloase. Frau Stelling führt ihn mit viel Herz und Liebe. Sie werden dort optimal beraten. Sie hat nicht aufgegeben und sich „zum alten Eisen" abschieben lassen, sondern ist mutig den neuen Weg gegangen.

Es ist nie zu spät …
… oder umsonst!

Nasrudin lebte als kleiner Junge in einem Fischerdorf am Meer. Er erlebte, wie Gezeiten und Wetter das Gesicht von Meer und Land zeichneten. Eines Tages kam ein orkanartiger Sturm auf, der das Meer tief aufwühlte und meterhohe Wellen tosend am Strand aufschlagen ließ. Nach einiger Zeit klarte der Himmel auf und das Unwetter verlor sich in der Weite des Ozeans. Am Strand aber hatte es unzählige Seesterne hilflos im Sand zurückgelassen. Neugierig lief Nasrudin am Strand entlang, nahm sorgsam Seestern für Seestern auf und warf sie im weiten Bogen – so gut es ging – ins Meer zurück. Ein Mann aus dem Dorf kam daher und sagte zu dem Jungen: „Dummer Nasrudin, was du da machst, ist vollkommen unsinnig. Du siehst doch, der ganze Strand ist voll von Seesternen. Nie kannst du sie alle ins Meer zurückbefördern. Was du da tust, ändert nicht das Geringste." Einen Moment lang hielt Nasrudin inne und schaute den Mann an. Dann ging er zum nächsten Seestern, hob ihn behutsam auf und warf ihn zurück ins Meer. Lächelnd schaute er den Mann an: „Für den wird sich aber etwas ändern!"
Verfasser Unbekannt

Egal was Sie machen, es hat alles eine Wirkung. Vielleicht werden Sie nicht alle „Seesterne“ zurück ins Meer befördern, doch für ein paar wird Ihr Wirken entscheidend sein. Für Sie selbst auf jeden Fall!

Es ist nie zu spät …
… mutig die eigene Welt zu erschaffen!

> *Ich spiele so gerne Klavier, dass ich es auch umsonst tun würde.*
> *Gott sei Dank wissen das meine Konzertagenten nicht.*
>
> *Artur Rubinstein*

„Des Kaisers neue Kleider“ ist ein bekanntes Märchen des dänischen Schriftstellers Hans Christian Andersen. Das Märchen handelt von einem Kaiser, der sich von zwei Betrügern für viel Geld neue Gewänder weben lässt. Diese machen ihm weis, die Kleider seien nicht gewöhnlich, sondern könnten nur von Personen gesehen werden, die ihres Amtes würdig und nicht dumm seien. Tatsächlich geben die Betrüger nur vor, zu weben und dem Kaiser die Kleider zu überreichen. Aus Eitelkeit und innerer Unsicherheit erwähnt dieser nicht, dass er die Kleider selbst auch nicht sehen kann und auch die Menschen, denen er seine neuen Gewänder präsentiert, geben Begeisterung über die scheinbar schönen Stoffe vor. Der Schwindel fliegt erst auf, als ein Kind ausruft, der Kaiser habe gar keine Kleider an. Seien Sie mutig und entdecken Sie, welche Kleider Sie anziehen möchten, egal was die Menschen im Umfeld sagen. Pippi Langstrumpf singt: „Zwei mal drei macht vier, widdewiddewitt, und drei macht neune. Ich mach‘ mir die Welt, widdewidde wie sie mir gefällt.“

Hatten Sie als Kind eine Heldin, einen Held? Vielleicht war es Superman, Superwoman, Pippi Langstrumpf, Ihr Lieblingsfußballer …? War da jemand, der Ihnen in schwierigen Situationen beigestanden hat? Laden Sie Ihren Kindheitshelden jetzt zu sich in Ihr Erwachsenenleben ein.

Übung „Mein Heldin, mein Held“

Meine Heldin, mein Held in der Kindheit war:

…………………………………………………………………………………………

…………………………………………………………………………………………

…………………………………………………………………………………………

Was für Eigenschaften hatte er/sie, was war das Besondere an dem Helden, der Heldin?

....

....

....

Inwieweit kann ich heute diese Eigenschaften selbst leben, das Besondere in mir entdecken?

....

....

....

....

Es ist nie zu spät …
… für Wünsche und Ziele!

Was ist es, was Sie zukünftig machen wollen, was Sie erleben möchten? Wie möchten Sie leben? Fangen Sie an, sich diese Fragen zu stellen und aufzuschreiben. Fangen Sie an, mit offenen Augen zu träumen. Stellen Sie sich vor, wie Ihre Zukunft jetzt von Ihnen gestaltet werden soll. Henry Ford sagte: „Die Begeisterungsfähigkeit trägt Deine Hoffnungen empor zu den Sternen. Sie ist das Funkeln in Deinen Augen, die Beschwingtheit Deines Ganges, der Druck Deiner Hand und der Wille und die Entschlossenheit, Deine Wünsche in die Tat umzusetzen!“ Was wollten Sie schon immer machen, und wenn es noch so verrückt erscheint? Vielleicht wollten Sie als Kind Opernsängerin werden und in den großen Opernhäusern dieser Erde singen. Seit vielen Jahren nehmen Sie Gesangsunterricht. Doch stimmlich hat es nicht bis zur Mailänder Scala gereicht. Aber dieser Traum lässt Sie nicht los. Vielleicht könnten Sie auf einer Theaterbühne in Ihrer Stadt auftreten oder sich einen Raum mieten und selbst Leute einladen. Entdecken Sie mit Begeisterung, was Sie sich wünschen und welche Ziele Sie haben!

Meine Ziele und Wünsche sind:

....

....

....

....

Welches Ziel setzen Sie sich für die Zukunft? Wichtig ist dabei die klare Zielformulierung. Bitte prüfen Sie hierfür folgende Fragen:

Wenn ich mein Ziel erreicht habe, bin ich dann zufriedener und glücklicher?

....

Ist das Ziel konkret und klar formuliert?

....

Weiß ich genau, woran ich erkenne, wenn ich das Ziel erreicht habe?

....

Ist das Ziel attraktiv für mich?

....

Ist das Ziel positiv formuliert?

....

Ist das Ziel mit einem Termin versehen?

....

Ist das Ziel realistisch und erreichbar?

....

Ist mir der Preis für dieses Ziel klar und will ich ihn bezahlen?

....

Bin ich emotional mit dem Ziel verbunden, will ich es wirklich?

....

Meine nächsten klaren Schritte in Richtung auf mein Ziel sind:

....

....

....

Woran werde ich erkennen, dass ich mein Ziel erreicht habe?

....

....

....

Wenn ich das Ziel erreicht habe, feiere ich meinen Erfolg folgendermaßen:

....

....

....

Sollten Sie mehrere Wünsche und Ziele haben, aber sind sich unsicher, welcher/s das Richtige ist, dann kann Ihnen folgende Übung helfen:

Übung „Entscheidungsfindung“

Kopfübung:
Schreiben Sie Ihre Ziele untereinander auf eine Liste. Ergänzen Sie für jedes Ziel, was dafür und was dagegen spricht.
Bauchübung:
Schreiben Sie auf ein Blatt Papier die verschiedenen Möglichkeiten. Jede Möglichkeit auf ein einzelnes Blatt. Jetzt drehen Sie die Blätter um und mischen diese. Wichtig ist, dass Sie nicht lesen können, was darauf steht. Am besten schreiben Sie mit Bleistift. Legen Sie die Blätter im Raum verteilt auf den Boden. Weiterhin ist wichtig, dass Sie nicht wissen, wo was geschrieben steht und liegt. Danach stellen Sie sich hin und schließen die Augen. Stellen Sie sich jetzt nochmals die Frage, auf die Sie eine Antwort benötigen. Lassen Sie sich Zeit. Danach stellen Sie sich direkt auf das erste Blatt. Wie reagiert Ihr Körper? Wie stehen Sie? Sicher und fest oder schwanken Sie? Wie fühlt es sich an? So gehen Sie von einem Blatt zum nächsten. Wichtig ist, dass Sie sich merken, wie Sie sich wo gefühlt haben, wie Ihr Körper reagiert hat. Sie können sich auch Notizen machen.

Übung „Visions-Collage“

Gehen Sie in einen Zeitschriftenladen oder an eine Tankstelle, wo Sie viele Magazine finden. Suchen Sie sich dort einige aus. Oder fragen Sie in Friseurgeschäften, Arztpraxen, an Orten, wo viele Magazine sind, ob Sie alte mitnehmen dürfen. Gehen Sie in ein Reisebüro und holen Sie Reisezeitschriften. Sammeln Sie diese. Wenn Sie Lust haben, machen Sie diese Übung mit Freunden. Sie verabreden sich für einen Abend und jeder bringt Magazine usw. mit. Nehmen Sie ein großes Blatt Papier, Schere, Klebstoff und Malstifte dazu. Jetzt schauen Sie sich alles in Ruhe an. Welche Bilder gefallen Ihnen? Es macht viel Spaß, dies im Austausch mit anderen zu machen. Schneiden Sie sich Bilder und Worte aus. Kleben Sie diese auf das Blatt Papier.
Der Sinn ist, eine Art Landkarte zu machen. Darin sollen Sie Ihre persönliche Visionen, Wünsche und Ziele einbringen. Zum Beispiel haben Sie schon lange vor, nach Peru zu reisen. Also nehmen Sie ein Bild, zum Beispiel von Machu Picchu, und kleben es auf.
Sie wünschen sich eine glückliche Partnerschaft. Nehmen Sie ein Bild, auf dem zwei Menschen sind, die für Sie eine glückliche Partnerschaft verkörpern. Sie möchten mehr Geld im Job verdienen. Malen Sie auf die

Karte Geld oder kleben Sie Geldscheine darauf. Der Kreativität sind keine Grenzen gesetzt.
Hängen Sie Ihre persönliche Visions-Collage an einen zentralen Ort. An dem Sie jeden Tag vorbeilaufen. Schenken Sie diesem Bild Aufmerksamkeit. Es reicht schon ein paar Sekunden am Tag. Ab und an schauen Sie es sich länger an. Fragen Sie sich, was schon erfüllt wurde von Ihren Wünschen und was Sie gerne noch erleben möchten.

Es ist nie zu spät ...
... Dir das zu sagen!

Haben Sie schon einmal einem Menschen, den Sie lieben, die Hand gehalten, während dieser gerade stirbt? Wenn ja, werden Sie mir zustimmen, dass es wenige Ereignisse gibt, die so tief berühren, erschüttern und bewegen. Oft kommen danach Gedanken wie „Ich hätte der Person noch so gerne gesagt, dass ..."

Vor einigen Jahren habe ich auf einem Event einen Mann kennengelernt. Er begeistert die Menschen weltweit. Er ist viel unterwegs, hat viel gesehen und erlebt. Einer, der alle zum Lachen bringt, ein Clown – Peter Shub.[1] Ein Clown, der selbst schon viel mitgemacht hat. Peter hat mir erzählt, wie sein vierjähriger Sohn ums Leben kam. Ich möchte Ihnen ans Herz legen, den Film „Awakening from the Long Sleep of Life"[2] auf youtube zu schauen.

Haben Sie in Ihrem Leben Menschen verloren, die Sie sehr geliebt haben? Körperlich sind diese nicht mehr da. Doch wie schrieb schon William Shakespeare: „Es gibt mehr Dinge zwischen Himmel und Erde." Wer sagt Ihnen denn, dass diese Menschen Sie nicht mehr hören? Vor einigen Jahren war ich am „Día de Muertos", dem „Tag der Toten", in Mexiko auf dem Friedhof von Tzinzunzan. Die Mexikaner glauben daran, dass der Tod nur ein Übergang ist in ein anderes Dasein. Einmal im Jahr kehren die Verstorbenen zurück und feiern mit ihren Angehörigen. Bereits Tage vorher gibt es an jeder Ecke Totenköpfe, Särge und Skelette aus Schokolade zu kaufen. Am Abend geht die gesamte Familie auf

1 www.petershub.com

2 www.youtube.com/watch?v=scf5VfyRHzc (Achtung erst ab 30 Sekunden kommt das Bild!)

den Friedhof. Die Gräber sind geschmückt mit gelben Blumen. Doch jeder, der glaubt, es wird geweint, alle sind traurig und leise, der irrt! Es wird getrunken und gegessen, gefeiert, getanzt und gelacht. Lebendigkeit und Fröhlichkeit an jeder Ecke! Bestimmt ein außergewöhnlicher Anblick für viele, die es nicht gewohnt sind, so offen mit dem Thema Tod umzugehen. Mir hat das Ganze gefallen. Doch der Trubel wurde mir zu viel. Touristen an jeder Ecke, überall wurden Bilder gemacht. Ich ging zurück ins Hotel. Dort habe ich dann in Ruhe all der lieben Menschen gedacht, die ich kenne und die bereits gestorben sind. Salvador Dali sagte: „Im Abschied ist die Geburt der Erinnerung." An wen denken Sie?

Übung „Brief an eine verstorbene Person"

Schreiben Sie einen Brief an die verstorbene Person. Schreiben Sie alles auf, was Sie gerne sagen wollen. Hierbei kann es sein, dass Gefühle hochkommen wie Ärger, Zorn, Wut: „Warum hast Du mich verlassen?", oder Dankbarkeit: „Ich danke Dir von Herzen für die Zeit mit Dir!", oder etwas ganz anderes. Schreiben Sie alles auf. Wenn Sie möchten, heben Sie diesen Brief auf. Oder machen Sie ein Ritual daraus. Sie können den Brief verbrennen und damit all die Gedanken, die Sie bisher daran gehindert haben, loszulassen, die Person gehen zu lassen. Oder Sie laden ein paar Freunde der verstorbenen Person ein und verabschieden sich gemeinsam. Mit der Hoffnung, dem Glauben, dass die Person Ihre Worte gehört hat oder zumindest Sie sich ein klein wenig leichter fühlen.

....

....

....

....

....

....

....

....

....

....

....

....

....

....

....

Abschließend die wunderbaren Worte von Jorge Luis Borges. Ich empfehle Ihnen „Leben Sie jetzt!"

> *Wenn ich mein Leben noch einmal leben könnte, im nächsten Leben, würde ich versuchen, mehr Fehler zu machen. Ich würde nicht so perfekt sein wollen, ich würde mich mehr entspannen. Ich wäre ein bisschen verrückter als ich gewesen bin, ich würde viel weniger Dinge so ernst nehmen. Ich würde nicht so gesund leben. Ich würde mehr riskieren, würde mehr reisen, Sonnenuntergänge betrachten, mehr bergsteigen, mehr in Flüssen schwimmen. Ich war einer dieser klugen Menschen, die jede Minute ihres Lebens fruchtbar verbrachten; freilich hatte ich auch Momente der Freude, aber wenn ich noch einmal anfangen könnte, würde ich versuchen, nur mehr gute Augenblicke zu haben. Falls Du es noch nicht weißt, aus diesen besteht nämlich das Leben; nur aus Augenblicken, vergiss nicht den jetzigen! Wenn ich noch einmal leben könnte, würde ich von Frühlingsbeginn an bis in den Spätherbst hinein barfuß gehen. Und ich würde mehr mit Kindern spielen, wenn ich das Leben noch vor mir hätte. Aber sehen Sie ... ich bin 85 Jahre alt und weiß, dass ich bald sterben werde.*
>
> *Jorge Luìs Borges*

8.6 Zusammenfassung 8. Kapitel Selbstbestimmung

Selbstbestimmung ist für Sie wichtig, um Ihre eigene Identität zu leben.

Wenn Sie alle Übungen durchgeführt haben, sind Sie im Kontakt mit Ihrer inneren Stimme. Sie haben erfahren, wie Ihre Kindheitserinnerungen Sie geprägt haben und heute noch beeinflussen. Sie sind sich Ihren Wünschen und Zielen bewusst.

Wie geht es Ihnen jetzt mit Ihrer Selbstbestimmung?

Was haben Sie erkannt?

....

....

Was haben Sie erfahren?

....

....

Was haben Sie erlebt?

....

....

---

9 Selbstliebe

Sich selbst zu lieben, ist der Beginn einer lebenslangen Romanze.

Oscar Wilde

In diesem Kapitel geht es um etwas, was alle wollen. Einige haben sie, andere suchen sie. Einige genießen sie, einige lassen sie nicht zu. Ich spreche von der Liebe. Seit Urzeiten ein Dauerthema und bestimmt wird es dies immer bleiben. Es gibt verschieden Formen der Liebe. Unter anderem die Liebe zwischen Mann und Frau. Die gleichgeschlechtliche Liebe. Die Elternliebe. Die Liebe zu anderen Menschen, zu Freunden, zu Geschwistern. Die Liebe zu Idealen. Die göttliche Liebe. Es gibt die Selbstliebe. Um diese geht es hier in erster Linie.

Ich bin mir sicher, Sie alle lieben sich genauso, wie Sie sind, von ganzem Herzen. Sie lieben alle Ihre Schwächen. Sie lieben alles, was Sie bisher in Ihrem Leben getan haben. Oder nicht? Die Dinge, die wir an uns mögen, zu lieben, ist relativ einfach. Das zu lieben, was wir an uns nicht mögen, ist schwerer.

Übung „Mein Liebesbrief an mich“

Verliebte schreiben sich gerne Liebesbriefe. Heutzutage meist in Form von SMS oder E-Mail. Doch wir wollen beim klassischen Liebesbrief bleiben. Stellen Sie sich vor, jemand hat sich frisch in Sie verliebt. Dieser Jemand sind Sie! Nehmen Sie schönes Briefpapier und beginnen Sie zu schreiben. Genauso, als ob Sie einer anderen Person schreiben. Vielleicht legen Sie schöne Musik ein, machen es sich gemütlich. Ein paar Kerzen, wenn Sie mögen. Schreiben Sie sich selbst einen Liebesbrief! Was lieben Sie an sich?
Wenn Sie fertig sind, lesen Sie ihn durch und legen Sie ihn in Ihre Schatzkiste. Hier können Sie immer wieder lesen, weshalb Sie sich selbst lieben.

9.1 Mein Körper und ich

Jeden Tag begleitet er Sie. Beim Aufstehen ist er mit dabei, den ganzen Tag und abends geht er sogar ins Bett mit Ihnen – 24 Stunden und das seit vielen Jahren. Er ist immer mit dabei. Wer? Ihr Körper! Wer soviel Zeit miteinander verbringt, sollte man meinen, kennt sich in- und auswendig. Kennen Sie Ihren Körper? Lieben Sie Ihren Körper?

Sie alle kennen Sätze wie: „Das schlägt mir auf den Magen“; „Der sitzt mir im Nacken“: „Der Schreck fährt mir in alle Glieder“; „Mir ist eine Laus über die Leber gelaufen.“ Unser Körper ist ein guter Freund. Er gibt Ihnen Warnsignale, sobald etwas nicht stimmt in Ihrem Leben. Leider wird darauf nicht immer gehört. Stattdessen lieber mit anderen verglichen, bewertet und verurteilt. Das ist zu viel, dies ist zu wenig. Das ist zu groß, dies ist zu klein. Das ist zu schräg, dies ist zu gerade. Die Kollegin hat einen viel besseren Körper. Der Nachbar ist viel durchtrainierter. Wann haben Sie das letzte Mal Ihrem Körper liebevoll Aufmerksamkeit geschenkt? Sich bei ihm bedankt, wie er Sie jeden Tag unterstützt?

Übung „Mein Körper und ich“

An meinem Körper liebe ich:

....

....

....

An meinem Körper liebe ich nicht:

....

....

....

Wie viele Punkte haben Sie gefunden, die Sie lieben, und wie viele, die Sie nicht lieben?

....

....

....

Auf Ihrer Liste sollten mindestens 10 Punkte mehr sein, die Sie an Ihrem Körper lieben, als die, die Sie nicht lieben. Wenn dies so ist – klasse. Wenn nicht, schreiben Sie diese jetzt auf:

....

....

....

Wo spüre ich Blockaden, wo ist etwas in meinem Körper, das mich schmerzt? Gehen Sie hierbei Zentimeter für Zentimeter Ihren Körper durch!

....

....

....

Was könnte die Ursache für diese Blockaden, für den Schmerz sein?

....

....

....

Was kann ich tun, damit es meinem Körper besser geht?

....

....

....

Ich bin meinem Körper dankbar, weil:

....

....

....

Schreiben Sie auf ein Blatt Papier, was Sie nicht an sich lieben. Sei es körperlich oder auch eine Eigenschaft, die Sie nicht an sich lieben. Ich zeige Ihnen anhand von zwei Beispielen, wie die Übung gemeint ist. Das erste Beispiel ist von einer Frau, 55 Jahre, und das zweite von einem Mann, Anfang 30.

Übung „Meine Schwächen lieben lernen“

- Mir fällt schwer, an mir selbst zu lieben:

Beispiele:

F.: Ich bin zu fett. Bestimmt habe ich 15 kg Übergewicht. So fett wie ich bin, liebt mich doch keiner.

M.: Ich bin mit 1,65 zu klein für einen Mann.

....

....

....

....

- Weshalb fällt es mir schwer, dies an mir zu lieben?

Beispiele:

F.: In Deutschland entspricht meine Figur nicht dem klassischen Schönheitsideal von 90–60–90.

M.: Viele Frauen, die ich kenne, wollen lieber einen großen Mann.

- Was würde mir dabei helfen, dies zu lieben:

Beispiele:

F.: Wenn mir jemand sagt, dass ich so in Ordnung bin, wie ich bin, oder wenn das Schönheitsideal wie zu Rubenszeiten wieder eingeführt wird. Dort galt es als schön, mehr auf den Rippen zu haben.

M.: Wenn ich eine Frau finden würde, die mich so liebt, wie ich bin.

- Was könnte ein erster Schritt in diese Richtung sein?

Beispiele:

F.: Na ja, ich könnte mir selbst sagen, dass ich so in Ordnung bin.

M.: Ich weiß es nicht.

- Was hindert mich daran, mich selbst zu lieben?

Beispiele:

F.: Ich bekomme immer die Blicke der anderen zu spüren, sie sagen mir, ich bin so nicht in Ordnung.

M.: Ich bin zu klein. Meine Mutter sagte schon immer: „Wenn der Junge nicht größer wird, bekommt er nie eine ab.“

- Angenommen, das Hindernis ist für einen Augenblick nicht vorhanden. Was wäre dann?

Beispiele:

F.: Ich würde meine Weiblichkeit genießen. Ich mag meinen Busen und meine einladenden Hüften. Mein Po ist groß, doch er gefällt mir.
M.: Hhhhmmm. Also vor einigen Monaten fand mich eine Frau ganz gut. Ich habe sie abgewiesen, da ich glaubte, sie will was von meinem Freund, der super aussieht. Ich hatte Angst vor dem Schmerz. Auf die Frage zurückzukommen, also ich glaube, ich wäre zu der Frau gegangen und hätte sie gefragt, ob sie mit mir ausgehen möchte.

....

....

....

....

- Was ist der nächste realistische Schritt, den ich jetzt unternehmen kann, um mich selbst lieben zu lernen?

Beispiele:

F.: Wenn ich es mir so überlege: Ich habe mir schon lange nicht mehr die Zeit für mich genommen. Die letzten Jahre war ich nur für andere da. Ich könnte mir ein Wellness-Wochenende gönnen, mich massieren lassen, mich selbst verwöhnen. Spazieren gehen und mich meinem Körper liebevoll widmen. Mal wieder ein gutes Buch lesen, was ich so sehr liebe.
M.: Ich mag die Musik von Rod Stewart. Er ist kleiner als seine Frau und sie scheinen trotzdem glücklich zu sein. Also wenn ich es mir so überlege … ich rufe die Frau an. Ich frage sie, ob sie mit mir ausgehen möchte. Außerdem habe ich andere Qualitäten.

....

....

....

....

....

....

- Was lieben Sie an sich?

Beispiele:

F.: Ich liebe an mir meinen Humor. Ich liebe meinen Busen, meinen Po und meine Hüften. Ich liebe an mir, dass ich auch in schwierigen Situationen gelassen bleibe.

M.: Ich liebe an mir meinen Gesang. Ich bin ein toller Sänger. Ich liebe an mir meinen durchtrainierten Körper. Ich liebe an mir, dass ich den Mut habe, mich selbst zu reflektieren.

....

....

....

....

....

....

Übung „Den eigenen Körper erforschen"

Setzen Sie sich hin. Machen Sie es sich bequem. Atmen Sie ein paar Mal tief ein und aus. Jetzt beginnen Sie langsam, Ihren Körper zu berühren. Wenn Sie möchten, schließen Sie dabei die Augen. Das hilft, sich nicht vom Außen ablenken zu lassen und sich mehr auf den Körper zu konzentrieren. Langsam. Stellen Sie sich vor, Sie sind frisch verliebt. Dann möchten Sie bestimmt gerne den gesamten Körper erforschen und berühren. Genauso machen Sie es jetzt mit sich. Liebevoll, achtsam und neugierig. Beginnen Sie mit Ihrem Gesicht, Hals, Oberkörper, Arme, Bauch, Hintern, Geschlechtsteile, Beine und Füße. Achten Sie darauf, wie es sich anfühlt. Wo bleiben Sie gerne etwas länger? Wo merken Sie, dass Sie schnell weiter gehen? Wo fühlen Sie Verspannungen? Wo ist es locker und entspannt? Erforschen Sie sich. Malen Sie Ihren Körper und die dazugehörigen Gefühle und Spannungen. Zum Beispiel einen Blitz für Spannungen, ein Herz für Zonen, die sich gut anfühlen, usw.

....

....

....

....

....

....

....

9.2 Ich bin, wie ich bin, und dafür liebe ich mich

Fangen Sie an „JA“ zu sich selbst zu sagen. „JA“, mit allem, was dazu gehört. Sich selbst anzunehmen ist einer der ersten Schritte zur Selbstliebe. Schreiben Sie sich Sätze auf, die Sie dabei unterstützen, die Sie stärken, die Ihnen Mut machen. Motivieren Sie sich selbst. Sagen Sie sich diese Sätze immer wieder. Geeignet ist dies auch vor dem Spiegel. Selbst wenn es am Anfang komisch für Sie ist, machen Sie es trotzdem. Alles, was ungewohnt ist, fällt am Anfang meist schwer. Beginnen Sie, Sätze über sich zu formulieren.

▶ BEISPIELE

- Ich weiß, dass ich immer das Beste mache, was ich kann. Wenn ich merke, ich mache es nicht, hat das seinen guten Grund. Diesen schaue ich mir in der für mich richtigen Zeit an. Es ist, wie es ist, genau richtig. Alles ist gut. Ich bin gut so wie ich bin.

- Ich wage es jetzt, ich selbst zu sein.
- Ich nehme mich so an, wie ich bin.
- Ich fühle mich in mir selbst wohl.
- Ja, ich bin ein Mensch mit Stärken und Schwächen. Es gibt Dinge, die fallen mir leicht, und es gibt Dinge, die fallen mir schwer.
- Ich liebe mich so, wie ich bin.

Seien Sie geduldig mit sich selbst. Sie können nicht von sich selbst verlangen, dass Gewohnheiten, die Sie jahrelang gelebt haben, sich von jetzt auf gleich ändern. Selbstverständlich gibt es immer wieder Wunder und somit kann dies auch passieren. Doch im Normalfall dauert es seine Zeit. Entspannen Sie sich. Schicken Sie Ihren Geißler, Ihren Kritiker in den Urlaub. Wenn Sie sich selbst kritisieren, fällt es schwer, sich selbst zu lieben. Lächeln Sie sich an im Spiegel! Dort steht ein wunderbarer Mensch, der darauf wartet, von Ihnen geliebt zu werden. Der gerne Aufmerksamkeit möchte.

TIPP

Eine Liebe beginnt mit dem Flirt! Flirten Sie mit sich selbst. Wenn Sie einen Menschen neu kennenlernen, wollen Sie alles von ihm wissen und sind neugierig. Seien Sie neugierig auf sich selbst. Machen Sie sich Komplimente. Sie gehen gerade einen mutigen Weg, der Kraft fordert. Im Schwabenländle, wo ich her komme, gibt es einen Spruch, der heißt: „Nicht geschumpfen ist gelobt genug." Völliger Blödsinn! Loben Sie sich selbst. Motivieren Sie sich, weiter zu gehen, indem Sie sich belohnen mit Dingen, die Ihnen gut tun, die Ihnen Spaß und Freude machen. Gehen Sie vor den Spiegel und klopfen sich selbst auf die Schulter. Anerkennen Sie sich! Verzeihen Sie sich selbst. Seien Sie milde mit sich. Es gibt immer einen guten Grund, warum wir reagieren, wie wir es tun. Weshalb wir Dinge zugelassen haben. Schütteln Sie nicht den Kopf darüber, sondern schauen Sie nach vorn. Sich selbst unter Druck zu setzen, nützt gar nichts. Keiner von uns will müssen! Fragen Sie sich lieber: „Wozu habe ich Lust?" Seien Sie sich selbst eine gute Freundin, ein guter Freund. Dafür ist es nie zu spät! Verlieben Sie sich in sich selbst. Beginnen Sie jetzt!

9.3 Einbein und Einbein macht Zweibein – Wie Sie vom Einbeiner zum Zweibeiner werden

Liebe heißt, Wärme auszustrahlen,
ohne einander zu ersticken.
Liebe heißt, Feuer zu sein,
ohne einander zu verbrennen.
Liebe heißt einander nahe zu sein,
ohne einander zu besitzen.
Liebe heißt, viel voneinander zu halten,
ohne einander festzuhalten.

Phil Bosmans

Viele Menschen glauben, sie sind „Einbeiner". Aus diesem Grund hüpfen sie auf einem Bein durch ihr Leben. Sie haben vergessen, dass sie zwei Beine haben. Auf die Dauer ist es anstrengend „einbeinig" durch die Gegend zu laufen. Aus diesem Grund suchen sie sich andere „Einbeinige". Sich gegenseitig stützend – abhängig voneinander – nennen sie es Partnerschaft. Gemeinsam hüpfen sie durch das Leben. Wenn der Lebenspartner nicht in derselben Firma arbeitet, hüpfen sie dort vom Kollegen zur Kollegin, von der Chefin zum Mitarbeiter. Meist haben sie einen leeren Krug in der Hand. Sie wollen, dass andere diesen Krug füllen. Sie betteln: „Bitte, bitte, schenke mir Aufmerksamkeit. Bitte gebe mir Deinen Beifall. Hab mich bitte lieb. Bitte sage mir, dass ich gut war...!" Anstrengend für sie selbst. Anstrengend für andere!

Der Philosoph Wilhelm Schmid spricht von der „Atmenden Liebe". In seinem Buch „Die Liebe neu erfinden" schreibt er: „Atmen kann die Liebe, wenn die Liebenden sich nicht nur miteinander, sondern auch mit sich selbst beschäftigen."

TIPP

Machen Sie selbst den Krug voll. Dann sind Lob, Anerkennung und Unterstützung von außen das Sahnehäubchen und kein „Überlebens-Muss“! Lernen Sie auf Ihren eigenen beiden Beinen zu stehen. Finden Sie Ihre eigene Kraft. Lernen Sie wieder, Ihr zweites Bein zu bewegen. Bekommen Sie einen eigenen kraftvollen, festen Halt. Werden Sie vom „Opferlämmchen“ zum kraftvollen Menschen. Von der Abhängigkeit in die Eigenständigkeit!

Übung „Mein zweites Bein“

1. Von welcher/n Person/Personen mache ich mich abhängig?

....

....

....

2. Was passiert genau, wenn ich deren Erwartungen nicht gerecht werde oder deren Beifall nicht erhalte?

....

....

....

3. Was passiert schlimmstenfalls, wenn dies nicht eintritt?

....

....

....

4. Ist es realistisch, dass dies eintritt?

....

....

....

5. Was würde ich dadurch gewinnen, wenn ich freier agiere?

....

....

....

6. Was kann ich selbst tun, um freier und unabhängiger zu agieren?

....

....

....

7. Lohnt es sich nach den Erkenntnissen aus den bisherigen Überlegungen immer noch, den Erwartungen oder dem Beifall der anderen Person/en nachzueifern?

....

....

....

9.4 Sexualität ist Lebenskraft

„Am Ende erreichen die weibliche Suche nach Liebe und die männliche Suche nach Freiheit dasselbe Ziel: den unbegrenzten und unendlichen Grund des Seins, der sie sind, und der sowohl absolute Liebe als auch Freiheit ist. Doch bis Sie sich an dem Ort, der sie immer sind, schließlich entspannen können, wird Ihre Partnerin sich weiter hingeben – Ihnen, der Schokolade, dem Einkaufen – in der Hoffnung, mit Liebe gefüllt zu werden. Sie werden sich weiter lösen – durch Fernsehen, Orgasmus und Spekulationserfolge – in der Hoffnung, von Stress geleert zu unbeschränkter Freiheit vorzudringen."

David Deida

Stellen Sie sich vor, wir sitzen gemeinsam in einem Raum mit sechzig weiteren Personen. Ich bitte Sie, jetzt die Augen zu schließen. Denken Sie an ein tolles sexuelles Erlebnis. Ich sehe Sie vor mir, wie Sie die Augen schließen und lächeln. Als Nächstes sage ich, dass ich durch die Reihen gehen werde. Die Person, bei der ich stehen bleibe und die ich antippe, wird allen laut erzählen, an welches sexuelle Erlebnis sie gedacht hat. Ich sehe Sie vor mir, Sie haben aufgehört zu lächeln!

Unsere Gedanken beeinflussen unsere Gefühle. Zuerst waren Sie glücklich. Sie dachten an ein schönes Erlebnis. Als Sie hörten, ich wähle eine Person aus, die laut allen anderen von ihrem Erlebnis erzählen soll, bekamen Sie vielleicht Angst, haben sich geschämt oder es war Ihnen peinlich. Prompt war das gute Gefühl weg!

Unsere Gedanken beeinflussen unsere Sexualität. Was denken Sie über Ihre Sexualität?

Vielleicht sind Sie jetzt erstaunt und fragen sich, was das Thema Sexualität mit Selbstbewusstsein zu tun hat. Aus meiner Sicht eine ganze Menge. Wir alle sind dadurch entstanden, dass zwei Menschen miteinander Sex hatten (ich schließe hier die künstliche Befruchtung aus). Sex ist Lebensenergie — Lebenskraft. „Eigentlich" sollte es ein normales Thema sein. Doch das ist es nicht!

Schauen Sie sich beim nächsten Tanken an der Tankstelle die Zeitschriften an. Meist finden Sie dort viele (halb)nackte Menschen auf den Deckblättern. Es fallen Überschriften auf wie zum Beispiel: „Noch mehr Orgasmen", „Die 99 besten Stellungen beim Sex", „Hier erfahren Sie die besten Sextipps" ... Selbstverständlich können wir alle immer und überall. Haben schon alles ausprobiert. Sind vollkommen glücklich mit unserer Sexualität. Kennen unsere Wünsche und Sehnsüchte. Wir sprechen alles an. Alle Frauen erleben multiple Orgasmen und die Männer können ständig und immer. Genau! Oder doch nicht?

Als Sexualpädagogin kommen zu mir Menschen mit Fragen zur Sexualität wie zum Beispiel: „Wie viel Sex ist normal"?; „Ich hatte noch nie einen Orgasmus"; „Ich kann meinem Partner nicht sagen, was ich wirklich möchte"; „Ich schäme mich in der Sexualität"; „Ich habe Angst, nicht gut genug zu sein"; „Mein Körper gefällt mir nicht"; „Ich bekomme keine Erektion mehr"; „Meine Sexualität langweilt mich"; „Ich weiß, dass ich es so nicht mehr möchte, doch ich weiß nicht, was ich will" ... Ich erlebe viele Menschen, die selbst nicht genau wissen, was sie wollen. Die sich selbst noch nicht erforscht haben. Sich nicht ihrer selbst bewusst sind in Bezug auf ihre Sexualität.

Werden Sie in Bezug auf Ihre eigene Sexualität selbstbewusster. Erforschen Sie sich! Seien Sie liebevoll mit sich selbst. Haben Sie Spaß dabei. Genießen Sie es!

Denken Sie an das 11. Gebot: „Du sollst Spaß am Sex haben!"

Übung „Mir meiner Sexualität bewusster werden"

1. Inwieweit genieße ich es, eine Frau/ein Mann zu sein?

....

....

2. Wie erlebe ich mich momentan als Frau/als Mann?

....

....

3. Ausgeprägt ist im Moment bei mir ... (z. B. die „Mutter-/Vaterrolle") und warum ... (z. B. vor sechs Monaten Sohn geboren):

....

....

4. Sexy, erotisch, attraktiv, schön finde ich an mir und meinem Körper:

....

....

5. Ich lehne an mir und meinem Körper ab:

....

....

6. Wenn ich an Sexualität denke, dann …

....

....

7. Wie war meine erste sexuelle Erfahrung?

....

....

8. Wie habe ich mir vor 15 Jahren das ideale Sexualleben vorgestellt?

....

....

9. Wie habe ich die Sexualität meiner Eltern erlebt?

....

....

10. Meine größte Angst in der Sexualität ist …

....

11. Habe ich Scham oder Schuldgefühle in Bezug auf meine Sexualität, meine Wünsche und Phantasien?

....

....

12. Was gefällt mir im Moment an meinem Sexualleben?

....

....

13. Genieße ich mein Sexualleben?

....

....

14. Was vermisse ich momentan an meinem Sexualleben?

....

....

15. Wann habe ich das letzte Mal mich, meinen Körper berührt? Wann war ich das letzte Mal auf Entdeckungsreise? Wie fühlt es sich an, wenn ich mich berühre? Wo genau bereiten mir Berührungen Lust und Spaß, wo nicht?

....

....

16. Habe ich schon einmal mein weibliches/männliches Geschlechtsteil bewusst wahrgenommen – im Spiegel gesehen? Liebevoll gestreichelt und beachtet?

....

....

17. Weiß ich genau, was ich für mein erfülltes Sexualleben brauche?

....

....

18. Welche Arrangements würde ich für eine perfekte Liebesnacht treffen?

....

....

19. Spreche ich mit meinen Sexualpartnern/-partnerinnen über das, was ich in meiner Sexualität brauche, über meine Wünsche und Phantasien?

....

....

20. Habe ich jemals einen Orgasmus erlebt? Wenn ja, mit Partner/-in oder alleine?

....

....

21. Genieße ich Sexualität mit mir selbst?

....

....

Übung: „Mein Umgang mit meiner Sexualität – ab sofort“

Für mein zukünftiges Leben als Frau/Mann wünsche ich mir in meiner Sexualität:

....

....

Was glaube ich, welche Konsequenz diese Änderung für mich und für mein Umfeld hat?

....

....

Wenn ich den Mut hätte, mir selbst zu erlauben, diese Änderung jetzt vorzunehmen, was würde mich jetzt noch daran hindern, es zu tun?

....

....

Was bin ich bereit, ab jetzt zu ändern, und was brauche ich hierfür?

....

....

TIPP

Es ist selbst mit 79 Jahren nicht zu spät, ein genussvolles Sexualleben zu erfahren. Lesen Sie das Buch „Nacktbadestrand“ von Elfriede Vavrik. Im hohen Alter von 79 Jahren gibt sie ihre kleine Buchhandlung auf. Diese war ihr Lebensinhalt. Zu Hause langweilt sie sich. Sie geht wegen Schlafstörungen zum Arzt. Dieser empfiehlt ihr, sich lieber einen Mann zu suchen, als Schlaftabletten zu nehmen. Doch Elfriede Vavrik hat bereits seit vierzig Jahren mit Männern abgeschlossen. Sie hat vierzig Jahre lang keine Sexualität gelebt. Mit Hilfe eines Inserats lernt sie Männer kennen. Mit 79 Jahren hat sie ihren ersten Orgasmus. Heute mit über 80 Jahren hat sie keine Schlafstörungen mehr, sondern genießt ihre neu entdeckte Sexualität.

Zum Abschluss dieses Kapitels ein schönes Gedicht, dessen Verfasser mir unbekannt ist und nicht wie oft angenommen Charlie Chaplin ist:

Als ich mich selbst zu lieben begann,
habe ich verstanden, dass ich immer und bei jeder Gelegenheit
zur richtigen Zeit am richtigen Ort bin
und dass alles, was geschieht, richtig ist – von da an konnte ich ruhig sein.
Heute weiß ich: Das nennt man VERTRAUEN.

Als ich mich selbst zu lieben begann,
konnte ich erkennen, dass emotionaler Schmerz und Leid
nur Warnungen für mich sind, gegen meine eigene Wahrheit zu leben.
Heute weiß ich: Das nennt man AUTHENTISCH SEIN.

Als ich mich selbst zu lieben begann,
habe ich aufgehört, mich nach einem anderen Leben zu sehnen
und konnte sehen, dass alles um mich herum eine Aufforderung zum
Wachsen war.
Heute weiß ich, das nennt man „REIFE“.

Als ich mich selbst zu lieben begann,
habe ich aufgehört, mich meiner freien Zeit zu berauben,
und ich habe aufgehört, weiter grandiose Projekte für die Zukunft zu entwerfen.
Heute mache ich nur das, was mir Spaß und Freude macht,
was ich liebe und was mein Herz zum Lachen bringt,
auf meine eigene Art und Weise und in meinem Tempo.
Heute weiß ich, das nennt man EHRLICHKEIT.

Als ich mich selbst zu lieben begann,
habe ich mich von allem befreit, was nicht gesund für mich war,
von Speisen, Menschen, Dingen, Situationen
und von allem, das mich immer wieder hinunterzog, weg von mir selbst.
Anfangs nannte ich das „Gesunden Egoismus“,
aber heute weiß ich, das ist „SELBSTLIEBE“.

Als ich mich selbst zu lieben begann,
habe ich aufgehört, immer recht haben zu wollen,
so habe ich mich weniger geirrt.
Heute habe ich erkannt: das nennt man DEMUT.

Als ich mich selbst zu lieben begann,
habe ich mich geweigert, weiter in der Vergangenheit zu leben
und mich um meine Zukunft zu sorgen.
Jetzt lebe ich nur noch in diesem Augenblick, wo ALLES stattfindet,
so lebe ich heute jeden Tag und nenne es „BEWUSSTHEIT“.

Als ich mich zu lieben begann,
da erkannte ich, dass mich mein Denken armselig und krank machen kann.
Als ich jedoch meine Herzenskräfte anforderte,
bekam der Verstand einen wichtigen Partner.
Diese Verbindung nenne ich heute „HERZENSWEISHEIT“.

Wir brauchen uns nicht weiter vor Auseinandersetzungen,
Konflikten und Problemen mit uns selbst und anderen fürchten,
denn sogar Sterne knallen manchmal aufeinander
und es entstehen neue Welten. Heute weiß ich: DAS IST DAS LEBEN!

Verfasser unbekannt

9.5 Zusammenfassung 9. Kapitel Selbstliebe

Selbstliebe ist für Sie wichtig, weil es die Basis aller Beziehungen ist.

Wenn Sie alle Übungen durchgeführt haben, erleben Sie sich im Umgang mit Ihren Schwächen und wie Sie Ihren Blick darauf liebenswert gestalten. Sie erfahren, wie sehr Abhängigkeit Selbstliebe beeinflusst. Wie Sie Ihre Sexualität als Lebenskraft erleben können.

Wie geht es Ihnen jetzt mit Ihrer Selbstliebe?

Was haben Sie erkannt?

....

....

Was haben Sie erfahren?

....

....

Was haben Sie erlebt?

....

....

---

10 Malen Sie Ihr eigenes Bild – Gehen Sie Ihren eigenen Weg

Wenn es nur eine einzige Wahrheit gäbe,
könnte man nicht hundert Bilder über dasselbe Thema malen.

Pablo Picasso

Erinnern Sie sich an den Anfang des Buches? Wir standen gemeinsam vor einer Malerstaffelei. Darauf befand sich ein großes, leeres Blatt Papier. Es ging darum, Ihr Bild zu malen. Die Farben dazu bekamen Sie in Form der Methoden, Übungen, Tipps und Anregungen - in Form des **„Ich bin Ich"-Prinzips:**

1. Selbsterkenntnis

2. Selbstsicherheit

3. Selbstvertrauen

4. Selbstwert

5. Selbstmotivation

6. Selbstgelassenheit

7. Selbstverantwortung

8. Selbstbestimmung

9. Selbstliebe

Wie schaut Ihr Bild aus? Haben Sie schon angefangen zu malen? Oder ist es Ihnen wichtig, noch etwas zu warten? Egal für was Sie sich entschieden haben, es ist genau richtig, so wie es ist. Es ist Ihr Leben. Es liegt in Ihren Händen, was Sie machen!

Dies Buch ist zu Ende und für Sie beginnt der Anfang! All das, was Sie gelesen und entdeckt haben, hat Sie sich Ihrer selbst bewusster werden lassen. Jetzt gilt es, Schritt für Schritt, in Ihrem eigenen Tempo, dies in den Alltag umzusetzen. Vielleicht spüren Sie Vorfreude auf das, was für Sie kommt. Auf dem Weg zum Selbst bewusst sein. Vielleicht sind Sie nervös. Vielleicht entspannt und gelassen. Vielleicht haben Sie Angst. Das ist normal. Anselm Grün sagte: „Jeder Aufbruch macht zuerst einmal Angst. Denn Altes, Vertrautes muss abgebrochen werden. Und während ich abbreche, weiß ich noch nicht, was auf mich zukommt. Das Unbekannte erzeugt in mir ein Gefühl der Angst. Zugleich steckt im Aufbruch eine Verheißung, die Verheißung von etwas Neuem, nie da Gewesenem, nie Gesehenem. Wer nicht immer wieder aufbricht, dessen Leben erstarrt. Was sich nicht wandelt, wird alt und stickig. Neue Lebensmöglichkeiten wollen in uns aufbrechen."

Mein Kollege Edgar K. Geffroy, Business Pionier und Clienting®-Gründer, schreibt in seinem Buch „Ich will nach oben" Folgendes: „Es gibt keinen Aufzug nach oben. Alle wirklich erfolgreichen Menschen, die ich kennengelernt habe, sind sehr bescheidene Menschen, weil sie praktisch alle persönliche Lebensschicksale hinter sich haben und dadurch geformt worden sind." Das heißt, dass Sie auf Ihrem Lebensweg Rückschläge, Durchhänger und Müdigkeit erfahren werden. Sie werden hinfallen auf Ihrem Weg. Doch ob Sie liegen bleiben oder aufstehen und weitergehen, das liegt in Ihren Händen!

Früher dachte die Menschheit, die Erde sei eine Scheibe. Hatte sie Recht? Nein! Nur weil es alle dachten, war es nicht richtig. Es war falsch! Ich empfehle Ihnen, entdecken Sie Ihre eigenen Erdteile. Malen Sie Ihr eigenes Bild. Lassen Sie es nicht zu, dass Sie als Persönlichkeit geboren werden und als Kopie sterben! Vor einigen Jahren habe ich ein Seminar des Körpersprache-Experten Samy Molcho mitorganisiert. Er stellte im Raum Stühle zu einem Kreis auf. Er bat die Teilnehmer, sich innerhalb des Stuhlkreises zu bewegen. Samy selbst lief am Rande immer dem Kreis entlang. Es war spannend für mich zu beobachten, wie nach kurzer Zeit alle 30 Teilnehmer hinter Samy im Kreis herliefen. Kein einziger ist aus der Reihe gegangen und hat sich frei im Kreis bewegt. Wie eine Schafherde hinter dem Hirten — bequem, einfach, sicher! Vor Jahrhunderten gab es für das römische Volk Brot und Spiele. „Gebt ihnen Arbeit und Unterhaltung, dann spuren sie!" Für mich hat sich bis heute diesbezüglich nicht viel geändert. Wir sitzen nicht mehr in einem römischen Kolosseum, sondern vor dem Fernseher. Dort wird mit „Prominenten“ in den Dschungel gegangen oder zugeschaut, wie andere monatelang im Container den Tag verbringen. Wenn Sie sagen: „Ich habe nicht die Lust, Kraft oder den Mut, meinen eigenen Weg zu gehen. Es gefällt mir und ist bequem so, wie ich lebe“, ist das in Ordnung. Doch denken Sie daran, dass Ihr Leben eines Tages zu Ende sein wird. Genauso wie jedes Jahr überraschend Weihnachten kommt, wird eines Tages überraschend Ihr Lebensende kommen. Machen Sie ab und an eine Pause. Nehmen Sie sich Zeit für sich und prüfen Sie, ob das Leben, das Sie gerade führen, Ihnen gut tut, Ihr eigenes Leben ist und das ist, was Sie wirklich wollen. Prüfen Sie, ob Sie selbst bewusst leben!

Wenn alle weisen Menschen und Gelehrten dieser Erde sagen, gehe nach rechts, doch Sie merken und fühlen, dass Ihr Weg nach links führt, dann gehen Sie nach links! Ich wünsche Ihnen hierbei:

Ein inneres Navigationssystem, das Ihnen den eigenen,
für Sie richtigen Weg weist.

Gelassenheit, wenn Sie nicht am ursprünglich gewünschten
Ziel gelandet sind.

Neugier, die Offenheit und den Mut, einen anderen Weg
einzuschlagen.

Milde gegenüber sich selbst, wenn Sie einen Umweg
gegangen sind.

Dass Sie wieder aufstehen, wenn die Stürme Sie zum
Erliegen gebracht haben.

Wenn es notwendig ist, eine helfende und tröstende Hand,
jemand, der Sie ein Stück des Weges begleitet.

Geduld, wenn Sie vor lauter Nebel nicht vorwärts kommen.
Nette Menschen am Wegesrand, die Sie inspirieren und
mit denen Sie Spaß haben.

Einen respektvollen, wertschätzenden und liebevollen
Umgang miteinander.

Die Muße, den Augenblick zu genießen.

Sollte Ihr inneres Navigationssystem einmal nicht funktionieren, halten Sie sich an Aristoteles: Dass Dein Weg der rechte war, wirst Du daran erkennen, dass er Dich glücklich gemacht hat.

Leben Sie Ihres Selbst bewusst, leben Sie Ihr eigenes Leben – es liegt in Ihren Händen!

Das Allerbeste dabei wünscht Ihnen

Annette Auch-Schwelk

11 Danke

Danke, Mamuschka & Papse, Omas & Opas „auf Wolke 9“. Meine tollen Geschwister Dolly mit Uwe und Gogo mit Birgit, Marta und Teresa. Ich bin dankbar, dass es Euch gibt!

Danke, Bettina Noé, Elvira Plitt und Heiner Huß vom HAUFE Verlag, sowie der Lektorin Gabriele Vogt für Ihr Vertrauen, unsere tollen Begegnungen und die ausgezeichnete Zusammenarbeit.

Danke, Edgar K. Geffroy, für den Namenstipp „Ich bin Ich“. Für Dein Vertrauen, die Anregungen und die guten Gespräche mit Dir.

Danke, Prof. Dr. Lothar Seiwert, für die Zeit, die Du mir geschenkt hast. Deine guten Tipps. Das Lachen und Erleben.

Danke, Tine Kluth, für die tollen Bilder!

Danke an alle, die mir geholfen haben. In Form von Gesprächen, Korrekturlesen, Anregungen, Motivation, Kritik und Tipps. Vor allem Ingrid Barouti, Brigitta Ernst, Monica Gomez, Eva Sameena Hasenstab und Rainer Schmitt. Danke Monika Wiese für den „blauen Anteil“ ☺ www.monika-wiese.de.

Danke an alle meine Kollegen, meine Geschäftspartner. Danke an alle, die mir Lehrer/-innen, Mentoren & Inspirationsquellen waren und sind.

Danke an all meine Freunde! Ich bin glücklich, dass ich so wunderbare Menschen in meinem Leben habe. Danke für Eure teilweise schon über 30jährigen Freundschaften, Eure Unterstützung und Eure Wegbegleitung.

Danke an meine Orte der Inspiration in Köln Sülz: „Da Siro“ – Fabio, Dein Essen – himmlisch! „kafé local“: Literatur & mehr! „Cafe Al Barretto“: Grazie Efiso! Danke an meine „Sülzer Clique“. Ihr seid wunderbare Menschen – „Auf das Leben und die Liebe... ach ja und die Leichtigkeit und auf ... ☺“!

In meinem Leben habe ich schon viel Zeit mit wundervollen Menschen verbracht. Auf diesem Weg möchte ich jedem einzelnen von Euch Danke sagen!

Auch wenn ich Euch nicht namentlich erwähnt habe: Danke, dass Ihr mich auf meinem Weg begleitet habt. Danke für Euer Dasein. Für Eure liebevollen, unterstützenden, teils mahnenden Worte und die damit verbundenen Herausforderungen. Eure Ideen und Gedanken. Für Eure Geduld und Euer Verständnis. Euer Lachen und den Spaß mit Euch. Für die Zeit, die Ihr mir schenkt. Dafür, dass Ihr mich inspiriert und begleitet. Danke dafür, dass ich genau das Gleiche bei Euch tun darf!

Danke an jene, die mir „auf den ersten Augenblick gesehen" nicht gut getan haben. Ihr wart mir gute Lehrer/-innen. Danke an alle, die versucht haben, mich von meinem Weg abzuhalten. Dadurch habe ich viel gelernt. Dadurch bin ich noch stärker und klarer geworden.

Danke an mich selbst. Dafür, dass ich immer wieder den Mut finde, meinen eigenen Weg zu gehen, und wenn ich hinfalle, wieder aufzustehen!

2014 feiere ich meine 10jährige Selbstständigkeit. In dieser Zeit habe ich tausende von Menschen in meinen Coachings, Seminaren und Vorträgen erlebt. Mein besonderer Dank gilt Ihnen! Ohne Sie, die Sie mir Leser, Kunden, Coaching-Klienten und Teilnehmer/-innen waren und sind, wäre dieses Buch nie erschienen — Danke!

12 Hinweise

Hörbuch

Sind Sie ein auditiver Mensch? Das heißt, jemand, der in erster Linie seine Ohren zur Wahrnehmung der Welt benutzt? Dann empfehle ich Ihnen mein Hörbuch: „Erfolgreich mit Selbstbewusstsein — Das ‚Ich-bin-Ich'-Prinzip" beim Wortaktiv Verlag (Preis 16,80 Euro). Nähere Informationen finden Sie unter www.wortaktiv-verlag.de.

eBook

Das Buch ist auch als eBook erhältlich u. a. unter www.haufe.de/shop

Annette Auch-Schwelk *23. September 1971
Coach, Rednerin, Autorin
Geschäftsführerin der Auch-Schwelk GmbH

Ihr Motto von André Gide:
„Man entdeckt keine neuen Erdteile
ohne den Mut, alle Küsten aus den Augen zu verlieren".

Im Alter von 17 Jahren besucht Annette Auch-Schwelk ihr erstes Rhetorikseminar. Begeistert von dem, was sie lernt, bucht sie weitere Kurse. Im Laufe der nächsten 25 Jahre absolviert sie viele Aus- und Weiterbildungen, zunächst nur für die eigene Persönlichkeitsentwicklung. Später macht sie ihre Leidenschaft zum Beruf. Seit 1998, über 15 Jahre, ist sie in der Weiterbildungsbranche tätig. Am Anfang als Angestellte und später als Führungskraft in Konzernen und mittelständischen Unternehmen. Seit 2004 ist sie selbstständig als Coach und Rednerin mit dem Schwerpunkt Selbstbewusstsein. 2013 gründete sie die Auch-Schwelk GmbH.

Coaching

Aufgrund ihrer langjährigen Erfahrung und ihrem großen Wissensschatz stellt sie ihren Kunden als Coach eine ganze Palette an Methoden, Übungen und Tipps zur Verfügung. Sie begleitet diese bei tiefgreifenden Veränderungen. Mit Kompetenz, Humor und Natürlichkeit hilft sie dabei, den eigenen Weg selbst(bewusst) zu finden und diesen erfolgreich zu gehen.

Vorträge

Annette Auch-Schwelk wird gerne als Rednerin gebucht, die ihre Zuhörer motiviert, begeistert und zum Nachdenken anregt. Seit 2012 ist sie als Referentin an der renommierten „Hochschule der Medien" in Stuttgart tätig!

Autorin

2011 kam ihr Buch „Erfolgreich mit Selbstbewusstsein" beim Haufe Verlag auf den Markt. 2013 erhielt sie den Coaching Award für das beste Buch. Dieses hat „Bestseller-Status" erreicht.

Referenzen

Was zufriedene Kunden über Annette Auch-Schwelk sagen und weitere Informationen finden Sie unter der **Homepage:** www.auchschwelk.de

Kontakt

Annette Auch-Schwelk
E-Mail: info@auchschwelk.de

Bitte helfen Sie mit!

„Weil Sterben auch Leben ist. Der Umgang mit Sterbenden und mit dem Tod ist ein Spiegelbild unseres Umgangs mit dem Leben!"

Seit Jahren unterstütze ich Hospize. Besonders liegt mir ein Verein am Herzen, für den ich seit 2013 aktiv tätig bin. Es ist Nestwärme e.V. Ein Verein der schwerstkranke Kinder, Sterbende und deren Angehörige unterstützt. Sie möchten ebenfalls helfen? Das ist klasse — Danke!

Informationen finden Sie unter www.nestwaerme.de

---

nestwärme

Nestwärme e.V.: „Familie bedeutet Nestwärme. Das Gefühl der absoluten Geborgenheit und bedingungslosen Liebe. Besonders Familien, die ihr schwer krankes Kind zu Hause betreuen, brauchen Unterstützung. Das soziale Netzwerk nestwärme e.V. kann nicht heilen oder Leben verlängern, aber belasteten Familiensystemen helfen, gesund und stabil zu bleiben. nestwärme e.V. leistet konkrete Hilfe in Form von Beratung und Betreuung. Und gibt damit den Familien die Kraft, jeden Tag lebensnotwendige Nestwärme zu schenken".

13 Quellenverzeichnis & Literaturempfehlungen

Asgodom, Sabine: Eigenlob stimmt: Erfolg durch Selbst-PR. Econ Verlag, 2003

Bergauer, Theo: Karrierefaktor Souveränität. Börsenmedien Verlag, 2009

Borbonus, René: Respekt! Ansehen gewinnen bei Freund und Feind. Econ, 2011

Borbonus, René: Unwiderstehlich überzeugend. Die Kunst der freien überzeugenden Rede. Wortaktiv Verlag, 2009

Brand, Silke: Vergiss dein nicht. Authentisch leben. Kreuz Verlag, 2010

Bremer, Christian: Mentale Stärke. Erfolg braucht Gelassenheit. Wortaktiv Verlag, 2011

Christiani, Alexander: Weck den Sieger in Dir. Gabler Verlag, 2000

Covey, Stephen M. R.: Schnelligkeit durch Vertrauen. Gabal Verlag, 2009

Ernst, Brigitta E.: Der Wissensgourmet. Cognitum Wirtschaftsverlag, 2006

Etrillard, Stéphane: Prinzip Souveränität. Junfermann Verlag, 2006

Frankl, Viktor E.: Trotzdem Ja zum Leben sagen. dtv Verlag, 1998

Geffroy, Edgar K.: Ich will nach oben. Glück ist ein System. MI Verlag, 2000

Geffroy, Edgar K.: Das Einzige, was stört, ist der Kunde. Redline Wirtschaftsverlag, 2005

Gigerenzer, Gerd: Bauchentscheidungen. Goldmann Verlag, 2007

Grün, Anselm: Quellen innerer Kraft. Herder Verlag, 2007

Holmes, Tom: Reisen in die Innenwelt. Kösel Verlag, 2010

Ion, Frauke/Brand, Markus: Motivorientiertes Führen. Führen auf Basis der 16 Lebensmotive nach Steven Reiss. Gabal, 2009

Isert, Bernd: Wurzeln der Zukunft. Junfermann Verlag, 2000

Lauenroth, Jörg: Von der Gruppe zum Topteam. Wortaktiv Verlag, 2009

McKay/Fanning/Honeychurch/Sutker: Selbstwert. Junfermann Verlag, 2008

Alles von Merkle/Rolf & Wolff/Doris im PAL Verlag

Molcho, Samy: Körpersprache des Erfolgs. Ariston Verlag, 2005

Münchhausen, Marco von: Wo die Seele auftankt, Campus Verlag, 2006

Nasher-Awakemian, Jack: Die Kunst, Kompetenz zu zeigen. mvg Verlag, 2004

Peseschkian, Nossrat: Steter Tropfen höhlt den Stein. Fischer Verlag, 2004

Pöhm, Matthias: Vergessen Sie alles über Rhetorik. Goldmann Verlag, 2009

Radecki, Monika: Nein sagen. Haufe Verlag, 2010

Rosenberg, Marshall B.: Gewaltfreie Kommunikation. Junfermann Verlag, 2007

Ryborz, Heinz: Selbstbewusst! Walhalla Fachverlag, 2009

Sameena, Eva: Heilung des Herzens: Der Schmerz einer Trennung ist der Samen, aus dem das Leben und die Liebe neu erblühen, Integral, 2013.

Schiraldi, Glenn R.: Arbeitsbuch Selbstachtung. Junfermann Verlag, 2008

Schmid, Wilhelm: Mit sich selbst befreundet sein. Suhrkamp, 2007

Schmid, Wilhelm: Die Liebe neu erfinden. Von der Lebenskunst im Umgang mit Anderen. Suhrkamp, 2010

Schmidt-Tanger, Martina: CharismaCoaching. Junfermann Verlag, 2009

Schulz von Thun, Friedemann: Miteinander reden 1–3. rororo Verlag, 1981/1989/2010

Seifert, Josef W.: Moderation und Konfliktklärung. Gabal Verlag, 2009

Seiwert, Lothar J.: Wenn Du es eilig hast, gehe langsam. Campus Verlag, 2009

Seiwert, Lothar J.: Simplify your time. Einfach Zeit haben. Campus Verlag, 2010

Wirth, Bernhard P.: 30 Minuten für bessere Selbsterkenntnis. Gabal Verlag, 2001

Wilber, Ken: Mut und Gnade, Goldmann, 2008